Natalie Faßmann

In die Falle gegangen

Natalie Faßmann

In die Falle gegangen

Pflanzenschutz mit Gelbtafel, Leimgürtel, Schutznetz und Co.

illustriert von Karin Bauer

Inhalt

Kenne deinen Feind!

Wer hätte gedacht, dass sich der Frostspanner, einer der am meisten gefürchteten Obstbaumschädlinge, so leicht hereinlegen lässt? Mit einem Streifen aus mit Leim bestrichenem Papier! Wie das geht? Durch genaue Beobachtung des Liebeslebens unseres Frostspanners: Im Herbst krabbelt das Frostspannerweibchen am Stamm eines, sagen wir, Kirschbaumes hinauf. Oben, in der Baumkrone, will es sich mit seinem Liebsten treffen. Legt man ihm ebenjenen Leimgürtel in den Weg, bleibt es beim Überqueren kleben. Das ist dann das Aus für die Liebesnacht in der Baumkrone. Und auch für die unzähligen, nicht gezeugten kleinen Räupchen, die im zeitigen Frühjahr großen Schaden angerichtet hätten.

Der biotechnische Pflanzenschutz nutzt das Liebesleben und andere Verhaltensweisen von Schädlingen aus. In diesen Bereich gehören zum Beispiel Kulturschutznetze zum Schutz von Gemüsekulturen und die Pheromonfallen gegen Apfelwickler, Pflaumenwickler und einige Forstschädlinge. Im Erwerbsgartenbau werden diese Mittel schon lange erfolgreich eingesetzt. Auch der Hobbygärtner kennt noch allerlei Fallen: Leimgürtel, Gelbstecker, Kirschfruchtfliegenfallen, Bierfallen und Wühlmausfallen.

Die Biotech-Fallen wirken sehr präzise. Sie nehmen oft einen einzigen wunden Punkt im Leben der Tiere ins Visier. Bei den Frostspannern ist es der Liebeszug der Weibchen im Spätherbst. Diese Präzision macht die Fallen aber auch störanfällig: Sie wirken nur, wenn sie zum richtigen Zeitpunkt am richtigen Ort eingesetzt werden. Und auch dann ist keine hundertprozentige Bekämpfung möglich. Darum werden die Biotech-Fallen selten allein, sondern meist gemeinsam mit anderen vorbeugenden und bekämpfenden Maßnahmen eingesetzt.

Es muss aber nicht immer gleich die ausgeklügelte Falle sein. Manchmal reicht es schon, den Nacktschnecken einen Zaun vor die Augenfühler zu stellen oder Vögel und Gemüsefliegen durch gespannte

Netze von saftigen Früchten und Gemüse fernzuhalten. Darum stehen im Kapitel »Wir müssen draußen bleiben« Schneckenzäune und Kulturschutznetze im Mittelpunkt.

Wenn Sie auf chemische Pflanzenschutzmittel in Ihrem Garten verzichten wollen, sind die Biotech-Fallen genau das Richtige für Sie. Doch wie funktionieren diese Superfallen? Und wie ticken eigentlich Frostspanner und Co.? Getreu dem Motto »Kenne deinen Feind!« erfahren Sie auf den folgenden Seiten mehr über das Liebesleben, die Winterdomizile und Sommerresidenzen einiger Gartenschädlinge. Und dieses Wissen können Sie dann schamlos ausnutzen, indem Sie sorgfältig die richtige Falle und den besten Zeitpunkt für deren Einsatz auswählen.

Lesen Sie auf den folgenden Seiten, wie ausgeklügelte Fallen, aber auch einfache Zäune oder Netze Ihr wertvolles Obst und Gemüse im Garten vor dem Gefressenwerden schützen.

Auf den Leim gegangen

Leimgürtel gegen den Kleinen Frostspanner

Im Frühling warten wir sehnsüchtig auf das erste, zarte Grün. Doch nicht nur wir, auch die Raupen des Kleinen Frostspanners sind dann nicht mehr zu bremsen. Doch wollen die Raupen einen anderen Hunger stillen als wir. Die Unersättlichen nagen sich durch Knospen, Blätter, Blüten und junge Früchte von Obstbäumen. Da sie sehr zeitig im Jahr in großer Zahl auftreten, kann der Schaden, den sie anrichten können, sehr groß sein, bis hin zum Kahlfraß. Die Frostspannerraupen gehören daher zu den bedeutendsten Obstschädlingen. Doch sie lassen sich ganz einfach überlisten: mit einem Leimgürtel, der bereits im Herbst um die Stämme gefährdeter Bäume gelegt wird.

Die Raupe des Kleinen Frostspanners: Sie frisst am liebsten an Kirschbäumen, ist aber auch anderen Obstgehölzen nicht abgeneigt.

Wir sind die Ersten!

Die Frostspanner zählen zu den wenigen Frühaufstehern im Gartenreich. Die Räupchen schlüpfen, sobald die ersten Knospen aufbrechen. Dann laben sie sich mit Vorliebe am frischgrünen Austrieb der Kirschbäume, verschmähen aber auch die Knospen anderer Obstbäume und Laubbäume nicht. Die kleinen, noch grünen Kirschen höhlen sie löffelartig aus. Typische Erkennungszeichen der Spannerraupen sind ihr gestreckter Körper und ihre katzbuckelartige Fortbewegungsweise.

Den Namen »Frostspanner« verdanken sie der für Schmetterlinge recht ungewöhnlichen Aktivität im kalten Spätherbst.

Es gibt hierzulande zwei bedeutende Frostspannerarten: den Kleinen Frostspanner *(Operophthera brumata)* und den Großen Frostspanner *(Hibernia defoliara)*. Von diesen beiden richtet der Kleine Frostspanner den größeren Schaden an. Die etwa 2,5 Zentimeter großen, hellgrünen Raupen des Kleinen Frostspanners tragen je drei weiße Längsstreifen an den Seiten. Die Raupen des Großen Frostspanners sind bräunlich gefärbt.

Mit und ohne Flügel

Wenn die ersten Nachtfröste im Herbst übers Land gehen, etwa Mitte bis Ende Oktober, schlüpfen die Frostspanner aus ihren Puppenkokons im Boden. Männliche und weibliche Frostspanner lassen sich an ihrem Aussehen unterscheiden. Die Männchen sind mit funktionstüchtigen, rötlich grauen Flügeln ausgestattet. Die Weibchen tragen nur kurze Flügelstummel, mit denen sie nicht fliegen können. Darum krabbeln die Weibchen mit ihren sechs Beinen den nächsten Baumstamm hinauf, der auf ihrem Weg liegt (1). Dort warten sie im Kronenbereich auf die Männchen. Nach der Begattung legt ein Weibchen bis zu 100 hellgrüne Eier in Rindenritzen in der Baumkrone ab (2).

Raupe Nimmersatt

Die befruchteten Eier färben sich nach wenigen Tagen rötlich. Gut geschützt vor winterlichen Minusgraden überstehen sie die Zeit bis zum Frühjahr. Dann schlüpfen die kleinen zunächst grauen, später grünen Räupchen des Kleinen Frostspanners. Doch nicht alle auf einmal. Bis Anfang Mai treten die gefräßigen Räupchen in Wellen auf. Die erste Welle vergeht sich an den Blattknospen und Blütenknospen (3), die zweite an den schon ausgebildeten Blättern, Blüten und kleinen Früchten (4). An zarten Spinnfäden hängend, lassen sie sich vom Wind auf benachbarte Bäume tragen. Manchmal bauen sich die Raupen aus Blättern und Spinnfäden kleine Kuppeln, unter denen sie ungestört fressen können. Das schützt sie vor den Vögeln, auf deren Frühjahrsspeiseplan sie stehen.

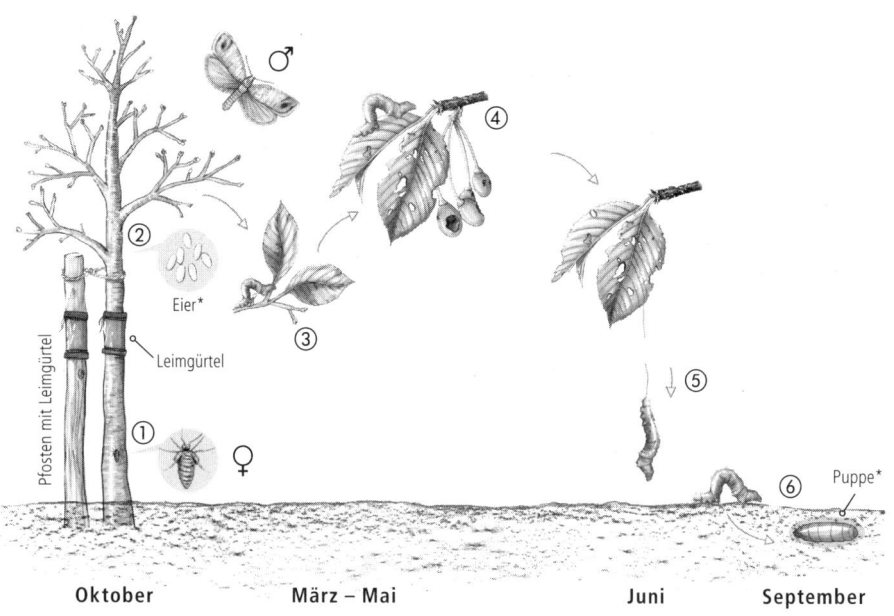

Oktober   März – Mai   Juni   September

Im Oktober kriecht das ungeflügelte Frostspanner-Weibchen den Stamm hinauf (1), um sich mit dem Männchen zu paaren. Nach der Begattung legt es seine Eier in Rindenritzen in der Baumkrone ab (2). Bleibt das Weibchen beim Hinaufkriechen an einem Leimgürtel kleben, kommt es nicht zur Eiablage. Die ersten Raupen fressen an jungen Blättern und Knospen (3), später geschlüpfte Tiere auch an kleinen Früchten (4). Ende Juni lassen sich die Raupen zum Boden herab (5) und warten in Erdkokons bis zum Herbst (6), um zu schlüpfen. (* Eier und Puppe vergrößert dargestellt.)

Der Spuk ist vorbei

… fürs Erste. Anfang Juni lassen sich die Raupen des Kleinen Frostspanners an seidenen Fäden zum Boden herab (5), die des Großen Frostspanners erst Mitte Juli. In etwa zehn Zentimeter Tiefe spinnen sie sich im Boden lose Erdkokons und warten die heißen Sommermonate ab (6). Wenn die ersten Herbstfröste übers Land gehen, ist es Zeit für den Paarungsflug …

11

Wie funktioniert der Leimgürtel?

Die flügellosen Weibchen krabbeln ihrem Trieb folgend im Herbst die Baumstämme hinauf, um sich mit den Männchen zu paaren. Legt man die Leimgürtel spätestens im Oktober um die Baumstämme, müssen die Weibchen diese klebrige Passage überqueren und bleiben dabei hängen. Sie werden vor der Begattung abgefangen.

Leimgürtel oder Leimringe bestehen aus einem meist grünen Trägerpapier, das mit Klebstoff aus natürlichen Harzen und Wachsen beschichtet ist. Nicht mehr klebende Leimgürtel lassen sich mit Raupenleim wieder auffrischen. Raupenleim kann auch ohne Trägerpapier auf den Stamm aufgebracht werden. Der Leim enthält keine Insektizide.

Wie gut funktioniert es?

Das Anbringen von Leimgürteln gilt als vorbeugende Maßnahme, da die Weibchen vor der Begattung abgefangen werden. Keine Begattung heißt keine Eier, aus denen im Frühjahr Raupen schlüpfen. Die Wirkung ist sehr gut, solange die Gürtel dicht am Baumstamm anliegen. Achten Sie darauf, dass keine Blätter auf dem klebrigen Papier aufliegen, weil die Falter diese als »Brücken« über die Barriere nutzen können. Die Klebkraft des Leims lässt nach drei bis vier Wochen nach. Dann sollte entweder ein neuer Leimgürtel angebracht oder Raupenleim auf dem Gürtel verstrichen werden.

Nachteil: Unbeabsichtigte Fremdfänge anderer Insekten lassen sich nicht vermeiden. Die dunkelgrüne Farbe des Trägerpapiers und des Raupenleims hat aber eine weniger starke Signalwirkung als die Farbe Gelb. Während des Anwendungszeitraums im Spätherbst sind außerdem nur wenige Insekten unterwegs. Nehmen Sie darum die Gürtel im zeitigen Frühjahr wieder ab.

Einsatzbereit?

Die Leimgürtel sind etwa acht Zentimeter breit. Sie werden ab Ende September, Anfang Oktober an den Stämmen der gefährdeten (Obst-) Bäume unterhalb der ersten Astgabelung angebracht. Dort bleiben sie bis zum beginnenden Frühjahr. Die Gürtelenden werden so bemessen, dass sie etwas überlappen. Mit Drähten oder Bändern können der obere und der untere Rand des Gürtels zusätzlich so am Stamm befestigt werden, dass der Gürtel eng anliegt. Auch an anderen Baumstämmen, aufgestellten Stützpfählen und Holzzäunen sollten im Bedarfsfall Leimgürtel angebracht oder Raupenleim aufgetragen werden, denn die Weibchen klettern auch an diesen hinauf.

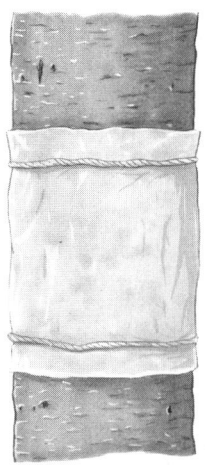

Der Leimgürtel wird mit der Leimschicht nach außen um den Stamm gelegt und festgebunden.

Tipp Kontrollieren Sie die Gürtel regelmäßig daraufhin, ob sie fest sitzen, noch klebrig sind und kein Falllaub an ihnen klebt. Verbrauchte Leimgürtel kommen in den Restmüll. Entfernen Sie auch die Drähte wieder vom Baum.

Was kann man noch tun?

Eier zählen

Suchen Sie im Winter an den Ästen gezielt nach den rötlichen Eiern des Kleinen Frostspanners. So können Sie den Befall im nächsten Frühjahr rechtzeitig abschätzen: ein Ei, eine Raupe. Befinden sich auf einem Meter Fruchtholz zwei bis drei Eier, sollten Sie über eine zusätzliche Bekämpfung nach dem Schlupf nachdenken. Zur Verfügung stehen biologische Mittel auf Neem-Basis oder ein *Bacillus-thuringiensis*-Präparat.

Tipp Aus dem Neembaum wird der insektizide Wirkstoff Azadirachtin gewonnen. Die Frostspannerraupe nimmt den Wirkstoff während ihrer Blattmahlzeit auf. Azadirachtin tötet die Raupen nicht direkt, sondern hemmt ihren Appetit und damit ihre Weiterentwicklung. Bienen und die meisten Nützlinge – bis auf Schwebfliegen und Florfliegen – werden geschont. Vorteil: Auch die ersten Blattläuse werden erfasst.

13

Nützliches Bakterium

Bereits im zeitigen Frühjahr, wenn die Räupchen noch klein sind, können Substanzen mit dem Bakterium *Bacillus thuringiensis* (B.t.-Präparate) ausgebracht werden. Die Raupen nehmen das Bakterium mit der Nahrung auf. Durch die Verdauung des Bakteriums entstehen Giftstoffe im Darm, welche die Darmzellen schädigen. Kranke Raupen wirken schlaff und sterben bald an der Vergiftung. Kleine, junge Raupen reagieren empfindlicher auf die Giftattacke als größere, ältere Raupen. Wichtig: B.t.-Präparate wirken nur, wenn die Raupen noch klein sind. Ausgewachsen sind sie zu robust.

Stammpflege

Im Winter können Sie lose Rindenstücke mit einer Drahtbürste oder Wurzelbürste vom Stamm und von dickeren Ästen abbürsten. Gleichzeitig entfernen Sie dadurch auch die dahinter befindlichen Eier von Frostspannern und die Überwinterungsstadien anderer Schädlinge, zum Beispiel Blutläuse. Legen Sie ein Laken oder Zeitungspapier um den Stamm. Dann können Sie die Rindenstücke und die Schädlinge restlos vom Boden entfernen. Das Bürsten schadet dem Baum nicht.

Natürliche Feinde

Singvögel wie Meisen und Mönchsgrasmücke füttern ihre Brut mit Raupen und anderen Insekten. Locken Sie die Vögel in Ihren Garten, indem Sie Vogelnährgehölze pflanzen, zum Beispiel Schlehen, Felsenbirnen und Berberitzen. Diese Gehölze bieten gleichzeitig auch Nistgelegenheiten für Vögel. Frostspanner haben noch mehr Feinde: Raupenfliegen, Laufkäfer, Spinnen und Schlupfwespen.

Tipp Ab Seite 116 können Sie lesen, wie Sie Vögel in Ihrem Garten ansiedeln können.

Auch Blutläuse gehen auf den Leim

Blutläuse *(Eriosoma lanigerum)* leben in Kolonien an Ästen und Zweigen von Apfelbäumen, seltener Birnbäumen. Häufig sitzen sie an Schnittwunden. Typisch sind ihr dunkler Körper und die weiße, watteähnliche Substanz, die sie ausscheiden. Blutläuse haben einen roten Körpersaft, der den Läusen ihren Namen gab. Die Blutläuse saugen an den Zweigen, dadurch verursachen sie Missbildungen und Wucherungen, den sogenannten Blutlauskrebs. Schneiden Sie betroffene Zweige so weit es geht zurück und behandeln Sie Schnittwunden mit einem Wundverschlussmittel.

Leimbarriere

Im zeitigen Frühjahr wird ein Leimgürtel um den Stamm gelegt. Damit können diejenigen Blutläuse abgefangen werden, die an der Stammbasis oder im Boden überwintert haben und nun in die Baumkrone wandern. Diejenigen Läuse, die den Winter an den Zweigen und in den Rindenritzen in der Baumkrone verbringen, werden nicht erfasst.

Ölfilm

Die wachsigen Fäden schützen die Blutläuse vor Nässe und Pflanzenschutzmitteln auf Wasserbasis. Ein Bio-Pflanzenschutzmittel mit Rapsöl kann diese Schutzschicht durchdringen. Vom Spätherbst bis zum Vorfrühling können Sie den Wurzelhals des betroffenen Baumstamms mit diesem Pflanzenschutzmittel einsprühen. Treten Blutlauskolonien im Sommer auf, können sie ebenfalls mit einem rapsölhaltigen Mittel behandelt werden.

Nützling

Die Blutlauszehrwespe *(Aphelinus mali)* ist ein Parasit der Blutlaus. Im Herbst legt sie ihre Eier in die Körper der Blutläuse. Die schlüpfenden Larven ernähren sich von der Blutlaus. Befallene Läuse sind kugelig aufgebläht. Schauen Sie sich daher die Blutlauskolonien genau an, bevor Sie zum Rapsöl greifen, denn dieses tötet auch die Blutlauszehrwespe.

Was tun die Ameisen im Apfelbaum?

Ameisen sind Süßmäuler. Sie bereichern ihren Speiseplan gern mit Honigtau, den Blattläuse ausscheiden. Diese süßen Tröpfchen kitzeln sie aus den Blattläusen heraus. Fast könnte man die Blattläuse deshalb als die Weidetiere der Ameisen bezeichnen. Denn die Ameisen »melken« sie nicht nur, sondern schützen sie auch vor ihren Feinden: vor Marienkäfern, Schwebfliegenlarven und anderen Blattlausfressern.

Einzelne Ameisen als Beschützer der Blattläuse sind normal. Problematisch wird es, wenn sich in einem stark verlausten Baum Ameisenstraßen bilden, auf denen der Honigtau transportiert wird. Dann kann der Gärtner eingreifen. Ein bewährtes Mittel ist es, einen Leimgürtel um den Stamm zu legen. Das unterbricht die Ameisenstraße.

Es geht auch ohne Leimgürtel

Ein großer Nachteil: Der Leimgürtel gegen Ameisen wird im Sommer angebracht. Dann gefährdet er aber auch andere nützliche Insekten. Darum ist sein Einsatz gründlich abzuwägen. Eine Alternative ist es, die Ameisen mit stark duftenden Kräutern zu vertreiben. Binden Sie Sträuße aus Wermut oder Weinraute wie eine Manschette um die Stämme betroffener Bäume. Oder sprühen Sie abgekühlten Tee aus Lavendel, Majoran, Brennnessel oder Pfefferminze auf die Ameisenstraßen. Für den »Anti-Ameisen-Tee« brauchen Sie drei Gramm frische oder 30 Gramm getrocknete Kräuter, die Sie mit einem Liter kochendem Wasser aufbrühen. Aber haben Sie Geduld: Der Erfolg stellt sich nicht sofort ein.

Bitte vergessen Sie nicht: Ameisen sind nützlich. Sie jagen andere Insekten, darunter auch viele Schädlinge.

☑ Checkliste Leimgürtel

Leimgürtel fangen die Frostspannerweibchen vor der Paarung im Spätherbst ab. Mit dieser vorbeugenden Maßnahme wird die Raupenanzahl im darauffolgenden Frühjahr erheblich reduziert. Mit den Leimgürteln können Sie im zeitigen Frühjahr auch Blutläuse abfangen und im Sommer lästige Ameisenstraßen unterbrechen.

▷ Bringen Sie die Leimgürtel nicht nur an Baumstämmen, sondern auch an Holzpfählen und Zäunen an.

▷ Spätestens im Oktober werden die Leimgürtel angelegt. Sie bleiben bis zum Austrieb im Frühjahr an den Bäumen.

▷ Kontrollieren Sie die Leimgürtel regelmäßig: Muss der Leim erneuert werden? Wurden Blätter angeweht, die Brücken für die Falter sein können?

▷ Setzen Sie die Leimgürtel gegen Blutläuse und Ameisen nur dann ein, wenn der Befall überhand nimmt. Wägen Sie dabei stets ab, ob Nützlinge bedroht sind oder das ökologische Gleichgewicht zu sehr durcheinandergeraten könnte.

Kirschfruchtfliegenfalle

Ärgerlich, wenn sich in der reifen Kirsche eine weiße Made rekelt. Mir verleidet es auch heute noch den Appetit auf Süßkirschen. Geht es Ihnen genauso? Dann behalten Sie die »Kirschenampel« im Blick! Kirschenampel? Ja, denn färben sich die Kirschen von Grün nach Gelb, werden die Kirschfruchtfliegen aktiv. Der Kirschenfreund auch, der dann beleimte Gelbtafeln in den Kirschbaum hängt. Diese Kirschfruchtfliegenfallen fangen bereits einen großen Teil der Fruchtfliegen ab. Das ist der erste Schritt zum madenfreien Kirschgenuss.

Ein kleines Loch in der Kirsche deutet es an – die Kirschfruchtfliege hat eines ihrer Eier abgelegt. Eine kleine Made ist geschlüpft, frisst das Fruchtfleisch rund um den Kern – und der Kirschfreund hat das Nachsehen.

Der Bösewicht

Weiche, glanzlose Süßkirschen und ein Kirschstein scheinbar ohne festen Kontakt zum Fruchtfleisch? Untrügliche Zeichen dafür, dass die Kirschfruchtfliege *(Rhagoletis cerasi)* dort etwa drei Wochen zuvor ihre Eier abgelegt hat. Erkennt man bei genauerem Hinsehen in der Nähe der Stielgrube eine bräunliche, leicht eingesunkene Stelle, hat sich die etwa fünf Millimeter lange, weißliche Larve schon längst in ihr Winterquartier verkrümelt. Das befindet sich gar nicht weit weg unter dem Kirschbaum etwa drei Zentimeter tief im Boden (1). Dort schlummert die verpuppte Made, wie die Larven der Fliegen genannt werden, und wartet auf den Frühling.

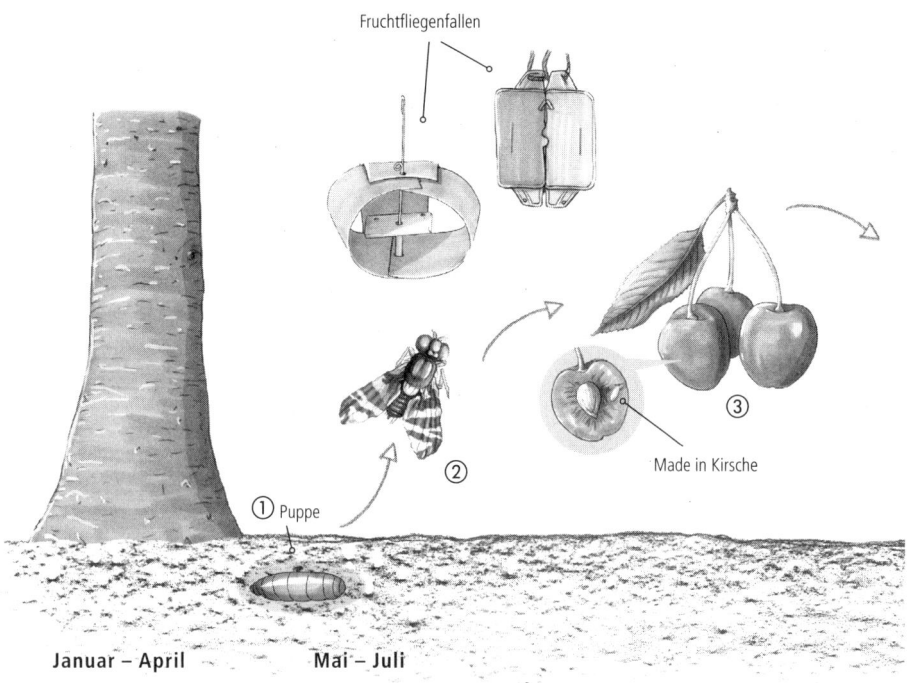

Fruchtfliegenfallen

① Puppe

②

③

Made in Kirsche

Januar – April   Mai – Juli

Im Boden verpuppt, wartet die Kirschfruchtfliege auf den Frühling (1). Von Mitte Mai bis Anfang Juli schlüpft das erwachsene Insekt, um sich zu paaren (2). Wenn die Farbe der Kirschen von Grün nach Gelb wechselt, legt das Weibchen seine Eier ab – jeweils ein Ei pro Frucht (3). Kirschfruchtfliegenfallen fangen die Fliegen vor und während der Eiablage ab.

Wärmender Sonnenschein

Wann es für die Kirschfruchtfliege Frühling ist, kann von Jahr zu Jahr verschieden sein. Von Mitte Mai bis Anfang Juli ist alles drin. Vieles hängt von der Bodentemperatur ab. Erst wenn die Sonne den Boden ausreichend angewärmt hat, ist es Zeit für die Kirschfruchtfliege zu schlüpfen (2). Das fällt meist in die Zeit der Robinienblüte. Die etwa fünf Millimeter großen, schwarzen Fruchtfliegen ähneln mit ihren großen, grünen Facettenaugen den Stubenfliegen. Markant sind ihre sechs gelben Beine und das gelbe Dreieck zwischen den Flügeln. Auf den Flügeln liegen

Die Kirschfruchtfliege: Sie sticht zu, wenn die Farbe der Kirschen von Grün nach Gelb wechselt.

19

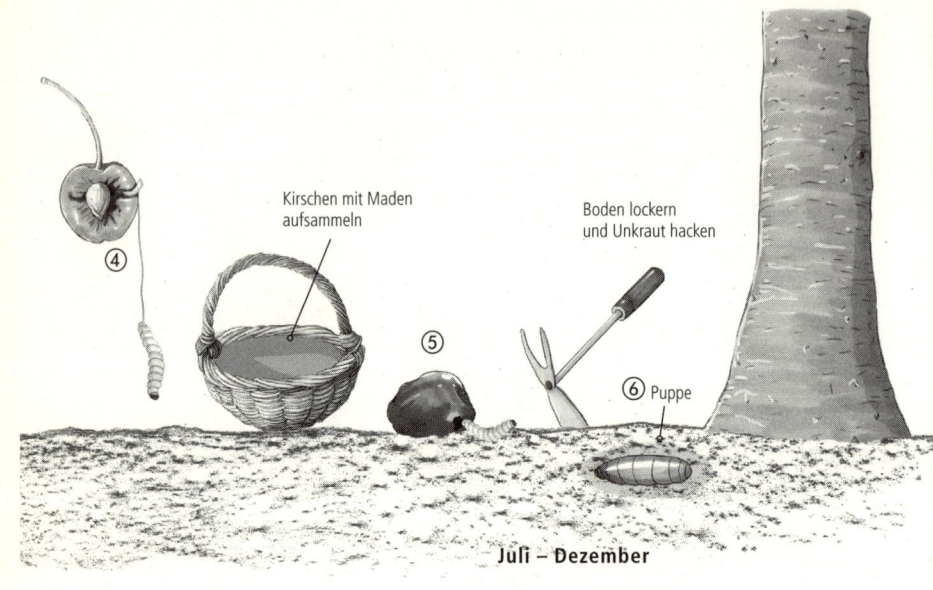

Kirschen mit Maden
aufsammeln

Boden lockern
und Unkraut hacken

④

⑤

⑥ Puppe

Juli – Dezember

Drei Wochen lang frisst die Made das Fruchtfleisch rund um den Kern, bevor sie sich aus der Kirsche zum Boden abseilt (4) oder mit der Kirsche herunterfällt und diese dann verlässt (5). Anschließend verpuppt sich die Made und wartet auf das nächste Frühjahr (6). Aufsammeln madiger Kirschen, Bodenlockern und Unkrauthacken helfen, den Befall in den nächsten Jahren zu verringern.

jeweils vier dunkle Querbinden. Ihre ersten zehn Lebenstage stärkt sich die kleine Fliege von Nektar, unter anderem von den Nektarien an den Blättern der Süßkirschen, und Honigtau, der Ausscheidung von Blattläusen. Erst dann treffen sich Männchen und Weibchen zur Paarung.

Gelb als Schlüsselreiz

Die Kirschfruchtfliegen-Dame verlässt sich bei der Wahl des geeigneten Eiablageplatzes ganz auf die Farbe Gelb: Das Signal zum Zustechen ist gekommen, wenn die grünen Kirschen beginnen, sich gelb oder gelbrot zu färben. Mit ihrem Legestachel, der sich am Hinterleib befindet, sticht die Kirschfruchtfliege die Früchte leicht an. In die entstandene Tasche legt sie ein einzelnes längliches, weißes Ei (3). Das geht so lange weiter, bis sie ihren Vorrat von 100 bis 250 Eiern verteilt hat. Besonders gefährdet sind mittelspät und spät reifende Süßkirschensorten, deren Farbumschlag von Grün auf Gelb etwa in die Flugzeit der Kirschfruchtfliegen fällt.

Tipp Die Weibchen beschränken sich nicht nur auf Süßkirschen. Sie legen ihre Eier auch auf den wilden Verwandten der Kirschen ab: auf Trauben-Kirsche und Vogel-Kirsche. Vereinzelt finden sich die Larven auch in Sauerkirschen, an Heckenkirschen *(Lonicera)* und Schneebeere *(Symphoricarpos)*. Von dort können die Fliegen auch auf die Süßkirschen wandern.

Madige Kirschen

Sechs bis acht Tage nach der Eiablage schlüpfen die Maden und bohren sich in die jungen Kirschen ein. Drei Wochen lang fressen sie das Fruchtfleisch rund um den Kern – der Grund, warum er so locker in der Kirsche sitzt (4). Ist die Larve voll entwickelt, verlässt sie die Frucht durch ein kleines Loch in Stielnähe und lässt sich zu Boden fallen (5). Zur Verpuppung wandert sie nicht mehr weit, sondern bleibt im Traufbereich »ihres« Baumes. Im kommenden Frühjahr schlüpft sie. Manchmal vergehen auch bis zu drei Jahre, bis die Fliegen schlüpfen. Die Puppen liegen dann über, wie man sagt. Die angefressenen Kirschen faulen indes und fallen ab.

Wie funktioniert die Kirschfruchtfliegenfalle?

In der Insektenwelt sind viele Prozesse an chemische, mechanische und optische Signale gekoppelt. Die begatteten Kirschfruchtfliegen-Damen orientieren sich vor allem an der Farbe Gelb, wenn sie ihre Eier ablegen wollen. Und genau zu diesem Zeitpunkt verfärben sich die Kirschen von Grün nach Gelb. Außerdem spielen auch chemische Reize eine Rolle: die Markierungspheromone anderer Kirschfruchtfliegen-Damen, die jene auf bereits belegten Kirschen hinterlassen. Die Vorliebe für Gelb macht die Kirschfruchtfliegen angreifbar.

Die Kirschfruchtfliegenfallen sind gelb gefärbt und mit einem insektizidfreien Leim bestrichen. Das intensive Gelb der Fallen ist ein viel stärkeres Signal als das blasse Gelb der Kirschen. Und so lassen sich die Damen verführen und landen auf den klebrigen Tafeln. Ihre Eier können sie dann nicht mehr ablegen und der Befall wird eingedämmt. Einige Fallentypen enthalten zusätzlich einen Fraßlockstoff, der die Anziehungskraft der Fallen noch verstärkt.

Wie gut funktioniert es?

Die Gelbfallen wirken auf die begatteten Weibchen erst dann, wenn diese auf der Suche nach einem Eiablageort sind. Es besteht immer die Möglichkeit, dass sich einige Weibchen nicht weglocken lassen oder bereits Eier abgelegt haben. Trotzdem ist die Gelbfalle derzeit eines der besten Mittel, den Besatz an madigen Kirschen zu verringern. Denn die Falle fängt bereits einen Großteil der weiblichen Fliegen ab, bevor diese ihre Eier ablegen können. Bevorzugen Sie gewölbte Gelbfallen, denn diese haben eine höhere Fangquote als flache, plane Tafeln. Die besten Ergebnisse erzielen Sie jedoch im Zusammenspiel mit anderen vorbeugenden Maßnahmen (siehe Seite 24). Leider lässt sich ein Befall nie ganz verhindern, da die Kirschfruchtfliegen auch von anderen Gärten oder von wilden Kirschbäumen aus zufliegen können.

Nachteil: Nicht nur die Kirschfruchtfliegen fliegen auf Gelb. Andere Insekten, auch nützliche, steuern die gelben Leimtafeln ebenfalls an. Nehmen Sie die Tafeln daher ab, sobald sich die Kirschen rot gefärbt haben.

Gewölbte Fallen haben höhere Fangquoten als flache Tafeln.
Die Falle lässt sich aus einem einfachen Bausatz zusammensetzen.

Und ewig lockt das Gelb

Farben scheinen auf Insekten während bestimmter Entwicklungsprozesse besondere Anziehungskräfte auszuüben. Ist eine solche Vorliebe bekannt, versucht man, sie mit Hilfe von beleimten Farbtafeln, Farbfallen oder Farbschalen auszunutzen. Von der Europäischen Kirschfruchtfliege ist bekannt, dass sie zur Zeit der Eiablage besonders auf Farbreize im Grün-Gelb-Bereich reagiert, und hier auf einen ganz bestimmten Gelbton. Dieses Verhalten nutzen wir mit den beleimten Gelbfallen aus. Andere untersuchte Fruchtfliegenarten reagieren hingegen ganz allgemein auf das grüngelbe Farbspektrum. Die Gelbtafeln werden häufig auch zur Überwachung und Prognose von Pflanzensaugern eingesetzt. Bleiben Weiße Fliegen, Blattläuse oder Trauermücken daran kleben, verraten sie dadurch ihre Anwesenheit. Dann können Sie gezielt auf die Suche nach den Missetätern gehen und abschätzen, ob eine Bekämpfung notwendig ist. Verschiedene Thripsarten lassen sich indes von der Farbe Blau anlocken (siehe Seite 37).

Einsatzbereit?

Ab Mitte Mai sind die Kirschfruchtfliegen unterwegs, je nach Witterung etwas früher oder später. Dann sollten Sie Ihre Kirschen im Auge behalten und die Kirschfruchtfliegenfallen spätestens dann im Baum aufhängen, wenn sich die ersten Kirschen gelb verfärben. Pro Meter Baumhöhe sind ein bis zwei Fallen notwendig. Diese werden gleichmäßig angebracht, bevorzugt in südlicher und westlicher Richtung. Im oberen Kronenbereich fällt der Befall deutlich höher aus, darum sollten dort mehr Fallen aufgehängt werden als im unteren Kronenbereich. Auch in benachbarten Bäumen lohnt es sich, Fallen anzubringen, auch wenn es keine Kirschbäume sind.

 Nehmen Sie die Gelbfallen ab, wenn sich die Kirschen rot verfärben. Verbrauchte Fallen kommen in den Restmüll.

Was kann man noch tun?

Alle Kirschen ernten

Pflücken Sie alle Kirschen ab und lesen Sie auch das Fallobst auf. Gerade bei großen Bäumen hört sich das nach Sisyphusarbeit an, ist aber sehr wichtig. Denn die Maden wandern aus den Früchten in den Boden, wo sie sich verpuppen. In ungepflegten Bäumen und Beständen kann sich die Kirschfruchtfliege ungehindert vermehren.

Vogel-Kirsche und Co.

Zu den nahen Verwandten der Süßkirsche gehören Vogel-Kirsche und Trauben-Kirsche. Dort finden die Kirschfruchtfliegen ebenfalls geeignete Früchte für den Nachwuchs. Auch die Früchte anderer Pflanzenfamilien werden angenommen: Heckenkirschen (Geißblatt) und Schneebeeren. Stehen diese Pflanzen in Ihrem Garten oder in der Nachbarschaft, sollten Sie die Früchte auch dort auf Madenbefall hin kontrollieren oder zur Flugzeit der Fruchtfliegen, ab Mitte Mai, Gelbtafeln zur Prognose aufhängen. Auf fremdem Grund und Boden lässt sich nicht viel ausrichten. Hängen Sie die Gelbtafeln dann bevorzugt in die Richtung, in der die betroffenen Bäume stehen.

Bodenbearbeitung

Die Larven der Kirschfruchtfliege graben sich zur Verpuppung etwa drei Zentimeter tief in den Boden ein. Lockern Sie im Herbst den Boden unter den Kirschbäumen leicht auf. So legen Sie die Puppen frei, die dann im Winter erfrieren oder vorher von Vögeln aufgepickt werden. Bearbeiten Sie den Boden nur oberflächlich, maximal fünf Zentimeter tief, damit die Wurzeln des Baums nicht verletzt werden.

Sortenwahl

Ob Süßkirschen madig werden, hängt auch von der Reifezeit der Kirschsorte ab. Besonders madengefährdet sind mittel und spät reifende Süßkirschensorten. Früh reifende Sorten wie 'Burlat' werden seltener befallen, weil der Farbumschlag von Grün nach Gelb bereits vor der Flugzeit der Kirschfruchtfliegen stattfindet.

Tierische Helfer

Anstelle der Bodenbearbeitung können Sie im Spätsommer und Herbst auch Hühner oder Enten unter die Kirschbäume treiben. Diese scharren den Boden auf und fressen die Puppen. Natürliche Feinde der Kirschfruchtfliege sind verschiedene Schlupfwespen, Spinnen, Laufkäfer und Kurzflügelkäfer.

Boden abdecken

Ist der Madenbesatz jedes Jahr hoch, können Sie den Boden unter den Kirschbäumen im Frühjahr mit einem Gemüseschutznetz abdecken. Die im Boden befindlichen Fliegen schlüpfen zwar, gelangen aber nicht durch die engen Maschen des Netzes. Der Zuflug von Kirschfruchtfliegen aus benachbarten Gärten wird dadurch aber nicht verhindert!

Nützliche Nematoden

Die Larven der Kirschfruchtfliege können auch mit nützlichen Nematoden bekämpft werden. Nematoden der Art *Steinernema feltiae* suchen im Boden gezielt nach Insektenlarven, darunter auch Kirschfruchtfliegenlarven. Sie dringen über Körperöffnungen ein und setzen dann ein Bakterium frei, das die Larven tötet. Doch das Zeitfenster, in dem die Nematoden wirken können, ist sehr klein, denn haben sich die Larven bereits verpuppt, können die Nematoden nichts mehr ausrichten. Optimaler Zeitraum für den Einsatz der Nematoden ist vom Beginn bis zum Ende der Reifezeit. Während dieser Zeit werden die Nematoden im Abstand von etwa 14 Tagen auf den Boden unter den Kirschbäumen ausgebracht.

Auch das noch ...

Amerikanische Kirschfruchtfliegen

Blieben die Sauerkirschen hierzulande bislang unbehelligt von der Kirschfruchtfliege, gibt es nun schlechte Nachrichten. Unsere Kirschfruchtfliege, die den Zusatz»Europäische« trägt, hat Besuch von ihren amerikanischen Schwestern bekommen, den Amerikanischen Kirschfruchtfliegen *Rhagoletis cingulata* und *Rhagoletis indifferens*. 1993 wurden sie erstmals in Süddeutschland gesichtet, 2005 auch in Thüringen. Die Weibchen dieser beiden Arten legen ihre Eier etwa drei Wochen später als die Europäische Kirschfruchtfliege. Bevorzugtes Ziel sind neben Süßkirschen auch die später reifenden Sauerkirschen, die bisher verschont blieben. Auch Pflaumen, Gewöhnliche Trauben-Kirsche, Späte Trauben-Kirsche und Vogel-Kirsche werden angeflogen. Das Weibchen legt seine 300 bis 400 Eier nicht immer einzeln ab. Auch Mehrfachbelegungen sind möglich. Die Maden bleiben in den Kirschen, bis diese faulen und abfallen. Erst dann suchen die Maden ihre Winterquartiere auf.

Tipp Glücklicherweise lassen sich die Amerikanischen Kirschfruchtfliegen mit den gleichen Maßnahmen bekämpfen wie die Europäische Kirschfruchtfliege.

Walnussfruchtfliege

Eine weitere nahe Verwandte unserer Kirschfruchtfliege macht nicht den Kirschen, dafür aber den Walnüssen zu schaffen: die Walnussfruchtfliege *(Rhagoletis completa)*. Seit 1986 weiß man, dass sie den Sprung aus Nordamerika nach Europa geschafft hat. Seit 2007 ist sie in Süddeutschland, seit 2009 auch in Mitteldeutschland bis in den Raum Berlin-Brandenburg auffällig geworden.

Die Larven fressen in den grünen Fruchtschalen der Walnüsse, die daraufhin schwarz und schleimig werden. Nach drei bis fünf Wochen lassen sich die Larven fallen und verpuppen sich im Boden. An den Walnusskernen selbst tritt selten ein Schaden auf. Nur die Früchte bleiben eher klein. Bei einem frühen Befall verfaulen sie jedoch. Die wärmeliebende Walnussfruchtfliege startet erst im Sommer durch, etwa von Juni bis August. Ihr Flug lässt sich mit Kirschfruchtfliegenfallen überwachen. Ein Teil der Fliegen wird dadurch auch abgefangen. Bei einem starken Vorjahresbefall können zur Zeit des Schlupfes engmaschige Kulturschutznetze unter dem Baum ausgelegt werden. Befallene Früchte unbedingt auflesen und vernichten!

Manche mögen's weiß

Pflaumensägewespen *(Hoplocampa minuta)* legen ihre Eier während der Blütezeit der Pflaumen ab. Mit dem Legeapparat an ihrem Hinterleib bohrt die Sägewespe kleine Taschen in die Kelchblätter der Blüten und legt ihre bis zu 70 Eier einzeln ab. Zunächst bohren sich die Larven in den geschwollenen Fruchtknoten und fressen ihn aus, später wandern sie auch in junge Früchte. Äußerlich sichtbar ist ein Befall mit der Pflaumensägewespe, wenn die jungen Pfläumchen bereits kurz nach der Blüte abgestoßen werden. Das ist in der Regel nicht schlimm. Ist der Fruchtansatz aber gering, kann es durch die Pflaumensägewespen zu einem totalen Ernteverlust kommen. Am Apfel tritt die Apfelsägewespe *(Hoplocampa testudinea)* mit ähnlichem Zyklus und ähnlichen Symptomen auf. Wie stark der Schaden ist, den die Sägewespen verursachen, schwankt von Jahr zu Jahr.

Weiße Leimtafeln

Während der Eiablage orientieren sich die Sägewespen an der weißen Blütenfarbe von Pflaumenbäumen und Apfelbäumen. Hängt man vor und während der Blüte weiße Leimtafeln auf, kann man ihren Flug kontrollieren und auch einen Teil der begatteten Weibchen abfangen. Die Schwarze Pflaumensägewespe ist vier bis fünf Millimeter lang und schwarz mit gelben Beinen. Die Apfelsägewespe ist fünf bis sieben Millimeter lang und braun-schwarz gefärbt. Beide haben durchsichtige Flügel. Die Sägewespen haben keine Wespentaillen.

Schütteln und Aufsammeln

Ähnlich wie bei der Kirschfruchtfliege fangen die Leimtafeln nur einen Teil der begatteten Weibchen ab. Es bleiben immer einige übrig, die weiterhin ihre Eier an die Kelchblätter ablegen. Schütteln Sie darum nach der Blüte ab und an Ihren Pflaumenbaum oder Apfelbaum und sammeln Sie die heruntergefallenen Früchte auf. In ihnen stecken meist noch die weißlichen Larven mit den braunen Kopfkapseln und jede Menge Kotkrümel. Geben Sie das Sammelgut in die Biotonne oder den Restmüll.

Die Gartenpolizei

Fast unbemerkt von den gärtnernden Menschen halten Laufkäfer, Spinnen und Co. die Schädlinge in Schach. Schon mit kleinen Maßnahmen können Sie den »Gartenpolizisten« eine Heimstatt bieten. Ein Blühstreifen mit pollen- und nektarreichen Pflanzen wie Kornblume, Borretsch, Dill und Wilder Möhre lockt nützliche Insekten an. Die Stängel von Ziergräsern und Stauden sind willkommene Winterquartiere. Oder lassen Sie eine Ecke im Garten etwas verwildern, bevorzugt vor einer Hecke, mit Laubhaufen, Totholz und Reisig.

▶ **Laufkäfer** und ihre Larven jagen allerlei schädliche Insekten, Spinnmilben und sogar Schnecken.

▶ **Ohrwürmer** haben einen schlechten Ruf. Das kommt nicht von ungefähr, haben sie doch nicht nur eine Vorliebe für Insekten – insbesondere für Blattläuse, Spinnmilben, Blutläuse oder Blattsauger –, sondern auch für Dahlienblüten. Mit einem umgedrehten Blumentopf, der mit ein wenig Holzwolle gefüllt ist, kann man sie zum Beispiel von den Dahlien zu den Blattlaus-Brennpunkten im Garten umsiedeln.

▶ **Blumenwanzen** und **Weichwanzen** saugen Insekten und Milben aus.

▶ **Schlupfwespen** sind unscheinbar klein. Ihre Larven leben parasitisch in Raupen, Blattläusen und Weißer Fliege.

▶ **Florfliegen** und **Schwebfliegen** machen gerne Rast auf Wildblumen und Kräuterblüten, wo sie sich mit Nektar stärken. Ihre Larven dagegen bevorzugen tierische Kost: Blattläuse, manchmal auch Thripse und Spinnmilben.

▶ **Marienkäfer,** erwachsene wie Larven, machen Jagd auf Blattläuse.

▶ **Spinnen** bauen ihre Fangnetze an windgeschützten Stellen im Garten. Manche Spinnenarten bauen keine Netze, sondern gehen gezielt auf Insektenjagd.

▶ **Raubmilben** sind winzig kleine Spinnentiere. Spinnmilben, aber auch Insekten gehören in ihr Beuteschema.

☑ Checkliste Kirschfruchtfliegenfalle

Mit Gelbtafeln können Sie bereits viele eiablagewillige Kirschfrucht-fliegen-Weibchen abfangen. Das bringt aber nur andauernden Erfolg, wenn auch andere vorbeugende Maßnahmen angewandt werden: Bodenbearbeitung im Herbst, Aufsammeln und Ablesen aller Kirschen und Pflege wilder »Kirsch-Ecken«.

▷ Hängen Sie die Kirschfruchtfliegenfallen auf, bevor sich die Kirschen von Grün nach Gelb verfärben, allerspätestens aber beim Gelbwerden der Kirschen. Die Fallen werden im Kirschbaum selbst und in benachbarten Bäumen – auch wenn es keine Kirschbäume sind – angebracht.

▷ Als Faustregel gilt: Pro Meter Baumhöhe wird eine Falle angebracht.

▷ Nehmen Sie die Fallen bei Fruchtreife wieder ab, sonst verfangen sich daran andere, auch nützliche Insekten. Kirschfruchtfliegen sind dann nicht mehr unterwegs.

Gelbstecker gegen Trauermücken

Sie können lästig sein, diese kleinen schwarzen Fliegen, die uns beim Zeitunglesen um die Nase schwirren, uns schier verrückt machen mit ihrem taumelnden Flug und sich nur mit einiger Übung fangen lassen. Im zoologischen Sinne sind diese Fliegen gar keine Fliegen, sondern Mücken, genauer gesagt Trauermücken. Man bemerkt sie oft erst dann, wenn sie beim Gießen von der Erde auffliegen. Da hilft der Griff zum Gelbstecker, an dessen beleimten Flächen die Trauermücken kleben bleiben.

Ein Leben im Blumentopf

Ihren tristen Namen haben die Trauermücken ihren dunkel gefärbten, schlanken Körpern und den dunkel getönten Flügeln zu verdanken. Die erwachsenen Tiere sind zwei bis vier Millimeter lang. Sie haben lange, schlanke Beine und lange Fühler, was sie von den Fliegen unterscheidet. **Die** Trauermücke gibt es übrigens nicht. Verschiedene Arten der Familie der *Sciaridae,* der Trauermücken, machen uns das Leben schwer, darunter auch *Bradysia paupera*. Sie lebt gern in Gewächshäusern, aber auch in wohlig warmen Wohnzimmern.

Gelbstecker gegen Trauermücken kommen bei Zimmerpflanzen zum Einsatz. Die klebrigen Tafeln gibt es auch in Schmetterlingsform oder Blumenform.

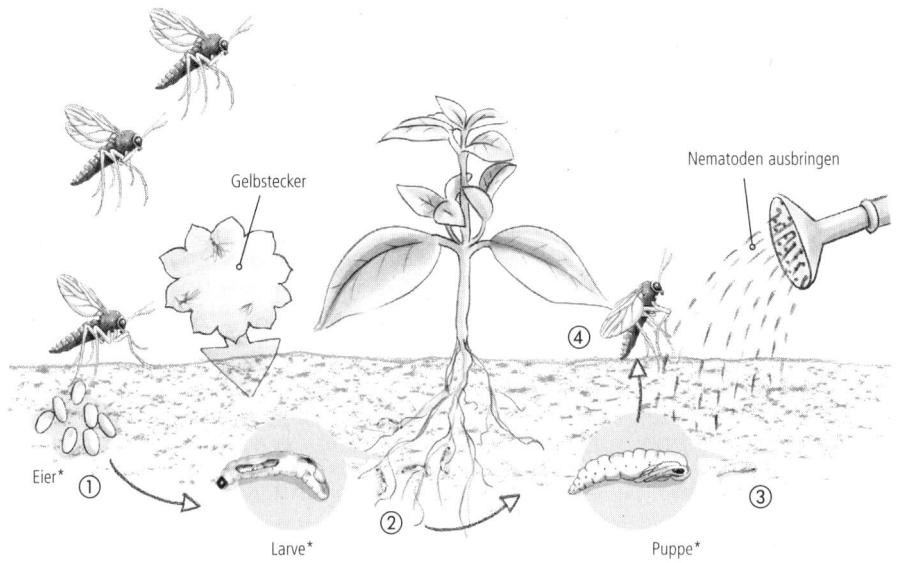

Gelbstecker

Nematoden ausbringen

④

Eier* ①

Larve* ②

Puppe* ③

Das Trauermückenweibchen legt nach der Begattung winzige, durchsichtige Eier (1). Nach sieben bis acht Tagen schlüpfen die Larven und ernähren sich von den Haarwurzeln der Pflanze (2). Nach zwei Wochen verpuppen sie sich in Kokons (3), aus denen bereits nach wenigen Tagen neue Trauermücken schlüpfen (4). An Gelbsteckern bleiben die erwachsenen Mücken kleben – so lässt sich die Befallsstärke messen. Mit dem Gießwasser ausgebrachte Nematoden töten die Larven in der Pflanzenerde. (* Eier, Larve und Puppe vergrößert dargestellt.)

Humusmacher

Die erwachsenen Trauermücken leben nur recht kurz, etwa drei bis fünf Tage. Diese Zeit nutzen sie, um sich zu paaren und einen geeigneten Platz für ihre Nachkommen zu suchen. Oft findet sich dieser im gleichen Pflanzentopf, aus dessen Erde sie selbst geschlüpft sind. Paradiesisch geht es dort zu, wenn genügend organische Substanz vorhanden und der Boden sehr feucht ist. Die Weibchen können das Ammonium riechen, das beim Abbau der organischen Substanz freigegeben wird. Jedes Weibchen legt etwa 100, nur einen Millimeter große, durchsichtige Eier (1). Nach sieben bis acht Tagen schlüpfen die Trauermückenlarven (2) und ernähren sich von toter oder absterbender organischer Substanz. In der Natur tragen sie so zum Stoffabbau und zur Entstehung von Humus bei.

Die Wandlung zum Schädling

In den beengten Topfverhältnissen geht ihnen aber schnell das Futter aus. Dann vergehen sie sich auch an den Wurzelspitzen der Pflanzen (3). Wird das Substrat dann auch noch etwas trockener, brauchen sie diese Pflanzennahrung sogar, um ihren Wasserhaushalt aufrechtzuerhalten. Die Larven leben verborgen im Substrat. Zu sehen sind sie nur, wenn man die Pflanze austopft. Dann sieht man die etwa sechs Millimeter langen, schlanken, glasig weißen Larven mit den schwarzen Kopfkapseln. Neben Wurzeln bohren sie sich auch in Knollen und Stängel ein, wenn ihnen das Futter zu knapp wird. Gerade bei Sämlingen und Stecklingen können sie dadurch großen Schaden anrichten. Die Larven schaffen auch Eintrittspforten für bodenbürtige Schadpilze, die den empfindlichen Jungpflanzen dann den Rest geben.

Nach etwa 14 Tagen Larvenleben wird es Zeit, sich in einem Kokon im Boden zu verpuppen (4). Die seidig weißen Kokons erkennt man erst bei genauerem Hinsehen. Schon nach wenigen Tagen schlüpfen neue Trauermücken (5). Bei günstigen Bedingungen können sie sich in kurzer Zeit stark ausbreiten. In unseren geheizten Wohnungen und in Gewächshäusern bringt es die Trauermücke so auf mehrere Generationen im Jahr.

Wie funktioniert der Gelbstecker?

Die erwachsenen Trauermücken werden von der gelben Farbe der Stecker angelockt, landen auf den beleimten Seiten, bleiben kleben und verenden. Es lässt sich nicht beeinflussen, ob sie gleich nach dem Schlupf oder erst nach der Paarung und Eiablage abgefangen werden.

Die eigentliche Aufgabe der gelben Leimtafeln ist deshalb die Prognose. Das Auftreten der Trauermücken kann so bestätigt und ihre Quelle ausfindig gemacht werden. Bleiben sehr viele Trauermücken kleben, sollten zusätzlich Maßnahmen gegen die Larven in der Topferde ergriffen werden. Auch andere schädliche Insekten lassen sich mit den Leimtafeln überwachen (siehe Seite 36).

Wie gut funktioniert es?

Zur Beseitigung der Trauermücken sind die Gelbtafeln nur bedingt geeignet. Sind die Mücken nur lästig, lassen sie sich mit den Gelbsteckern gut in den Griff bekommen. Bei starkem Auftreten helfen die Gelbstecker aber nicht mehr allein. Dann sollten auch weitere Maßnahmen ergriffen werden (siehe Seite 34).

Nachteil: Gelb ist ein Signal für viele Insekten. Verwenden Sie die Gelbtafeln daher nur in Wohnräumen, Kleingewächshäusern und Foliengewächshäusern. Im Freien sind sie Fallen für viele, auch nützliche Insekten! Eine Ausnahme ist die Gelbfalle für Kirschfruchtfliegen, die im Freien eingesetzt wird.

Einsatzbereit?

Zur Trauermückenbekämpfung werden die Gelbstecker in das Substrat gesteckt. Die beleimte Fläche sollte nahe der Substratoberfläche sein. Stehen die Töpfe dicht beieinander, reicht ein Stecker in jedem zweiten Topf. Zur Prognose anderer Schadinsekten, zum Beispiel von Weißer Fliege und Blattläusen, werden sie mit Hilfe eines Stabes höher angebracht.

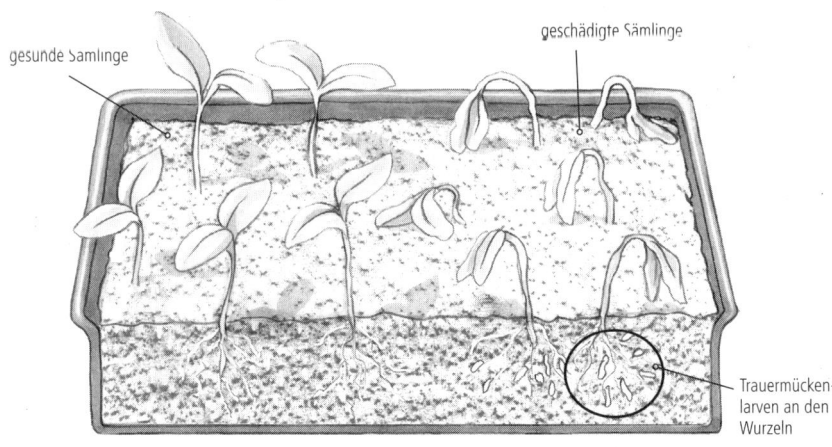

gesunde Sämlinge

geschädigte Sämlinge

Trauermücken-
larven an den
Wurzeln

Anzuchtschale mit gesunden und geschädigten Sämlingen: Die Trauermückenlarven können die Wurzeln der Sämlinge so sehr schädigen, dass diese daraufhin welken.

> **Tipp** Die Klebkraft des Leims hält über mehrere Wochen an, auch ein Schwall Gießwasser kann ihm nichts anhaben. Ist keine freie Stelle auf Tafel oder Stecker mehr übrig oder lässt der Kleber nach, sollten Sie beide austauschen. Verbrauchte Leimtafeln geben Sie in den Restmüll.

Was kann man noch tun?

Wasserzufuhr drosseln

Trauermückenlarven brauchen eine feuchte Umgebung zum Leben und auch die erwachsenen Mücken werden für ihre Eiablage von feuchten Standorten angezogen. Halten Sie die Topferde möglichst trocken und kontrollieren Sie das Auftreten erwachsener Tiere mit Hilfe der Gelbstecker. Zimmerpflanzen, die feuchter gehalten werden müssen, wie das Zypergras, werden von unten gegossen, indem man das Wasser in den Übertopf oder den Topfuntersetzer gibt. So bleibt die oberste Substratschicht trocken und bietet den Mücken keinen Anreiz zur Eiablage.

Mückenfreie Aussaaterde

Verwenden Sie unbedingt qualitativ hochwertige Blumenerde oder Aussaaterde. Sind sie unsicher, ob die Trauermücken mit dem Aussaatsubstrat in Verbindung stehen, können Sie das Substrat gegebenenfalls im Backofen bei 200 °C für 30 Minuten oder in der Mikrowelle bei 500 Watt für 15 Minuten sterilisieren.

Sandschicht

Besonders Jungpflanzen sind gefährdet. Um die Sämlinge zu schützen, bietet es sich an, nach der Aussaat in Schalen eine etwa einen Zentimeter dicke Schicht Sand aufgetragen. Diese Schicht bleibt trocken, gegossen wird von

Die Trauermücke: Ihre Larven fressen Wurzeln, höhlen Pflanzentriebe aus und schaffen so Eintrittspforten für Wurzelkrankheiten.

unten. Das soll die Eiablage verhindern. Nachteile: Die Sämlinge haben es schwer, durch die Sandschicht zu stoßen. Auch das Pikieren der Sämlinge ist umständlicher.

Larven bekämpfen

Vorbeugend und bei schwachem Befall können auch Bakterienpräparate mit dem auf Trauermücken spezialisierten Stamm *Bacillus thuringiensis var. israelensis* eingesetzt werden. Diese Bakterien dringen in die Larven ein und geben ein Gift ab, das die Larven tötet.

Bei stärkerem Befall werden Nematoden der Art *Steinernema feltiae* mit dem Gießwasser ausgebracht, die im Substrat gezielt nach Trauermückenlarven suchen. Die Nematoden dringen über Körperöffnungen ein und setzen anschließend ein Bakterium frei, das die Larven tötet.

Tipp Bakterien und Nematoden werden mit dem Gießwasser vermischt und in die betroffenen Töpfe gegossen. In den Tagen nach der Ausbringung wird der Boden leicht feucht gehalten.

☑ Checkliste Gelbstecker

Gelbstecker und Gelbtafeln sind bewährte Prognosemittel, um Trauermücken, Blattläuse und Weiße Fliege im Zimmer oder Kleingewächshaus zu überwachen und rechtzeitig mit Nützlingen oder Bio-Pflanzenschutzmitteln gegenzusteuern.

▷ Gelbstecker so tief in den Boden stecken, dass die beleimte Fläche nahe an der Substratoberfläche liegt.

▷ Halten Sie die Pflanzen trockener und gießen Sie sie von unten.

▷ Bei einem starken Befall können Nematoden gegen die Trauermückenlarven eingesetzt werden.

▷ Gelbtafeln werden in die Pflanzen gehängt oder an einem Stab in den Topf gesteckt.

Wer lässt sich noch leimen?

Im Kleingewächshaus und im Zimmer machen auch andere Insekten häufig Probleme: Weiße Fliege, Blattläuse und Thripse. Stecken oder hängen Sie Gelbstecker, Gelbtafeln oder Blautafeln rechtzeitig in die Nähe gefährdeter Pflanzen. Mit Hilfe dieser Leimtafeln können Sie feststellen, wann Gefahr im Verzuge ist, und mit Nützlingen aus dem Versand oder mit biologischen Pflanzenschutzmitteln gegensteuern.

Weiße Fliege

Im Gewächshaus findet man die Weiße Fliege *(Trialeurodes vaporariorum)* häufig an Tomaten, Auberginen und Gurken, im Zimmer zählen die Weihnachtssterne zu ihren Opfern. Erwachsene Insekten und die unbeweglichen, ovalen Larven sitzen vorwiegend an den Blattunterseiten und saugen Pflanzensaft. Bei Berührung fliegen die erwachsenen Tiere kurz auf und lassen sich gleich darauf wieder nieder. Schon beim ersten Auftreten der Weißen Fliege können Schlupfwespen *(Encarsia formosa)* eingesetzt werden. Bei stärkerem Befall helfen Rapsöl und Kaliseife, welche die Atemöffnungen der Tiere verkleben. Neem-Präparate enthalten den Wirkstoff Azadirachtin, der das Wachstum der Weißen Fliegen hemmt. Die Pflanzenschutzmittel sind am wirkungsvollsten, wenn sie morgens und auf die Blattunterseiten gesprüht werden. Dann sind die Weißen Fliegen noch träge und fliegen nicht auf.

Blattläuse

Blattläuse saugen Pflanzensaft an vielen verschiedenen Gartenpflanzen und Zimmerpflanzen. Sie verursachen Blattkräuselungen, Verfärbungen, bei starkem Befall können junge Triebe auch absterben. Blattläuse können sich im Sommer sehr schnell vermehren, da die Weibchen ohne Umwege über Partnersuche, Begattung und Eiablage viele kleine Läuschen zur Welt bringen. Darum sollten Sie handeln, sobald Sie die ersten Blattlauskolonien sehen. Erste Sofortmaßnahmen sind Abstreifen und Abspritzen mit einem scharfen Wasserstrahl. Nützlinge wie Marienkäfer, Schwebfliegen und Florfliegen finden sich im Garten schnell ein, im Gewächshaus oder Zimmer werden sie gezielt freigelassen. Bei einem Anfangsbefall lassen sich auch Biopräparate auf Rapsölbasis und Kaliseifenbasis einsetzen. Kontrollieren Sie aber bitte vorher, ob sich nicht schon Nützlinge eingefunden haben, weil Öl- und Seifenprodukte diese Tiere ebenfalls schädigen.

Thripse

Thripse sind schmale, filigrane, dunkel gefärbte Insekten. Ihre Larven sind gelblich oder grünlich gefärbt. Larven wie erwachsene Insekten saugen an Blättern und Blüten und verursachen silbrig glänzende Flecken oder gar Verkrüppelungen. Typisch sind die schwarzen, erhabenen Kottröpfchen, welche die Tiere auf den Pflanzen hinterlassen. Im Gegensatz zu den meisten Insekten lockt den Thrips nicht Gelb, sondern Blau. Im Handel sind beleimte Blautafeln häufig in Kombination mit Gelbtafeln erhältlich. Gegen Thripse können auch Nützlinge wie Florfliegenlarven, Schwebfliegenlarven und Raubmilben, zum Beispiel *Amblyseius cucumeris* und *Hypoaspis miles,* eingesetzt werden.

Vom Duft verführt

Pheromonfallen gegen Apfelwickler und Pflaumenwickler

Des Gärtners Waffen im Kampf gegen die »Obstmaden« in Äpfeln und Pflaumen sind Pheromone. Wenn sich Apfelwicklermann und Apfelwicklerfrau paaren wollen, finden sie mit ganz besonderen Düften, den Sexualpheromonen, zueinander. Was in den arteigenen Duftstoffen steckt, ist längst kein Geheimnis mehr. Und nun lockt das künstliche Pendant die Wickler weg von den Äpfeln, geradewegs in die Falle.

Der Apfelwickler

Seinem Namen nach findet man den Apfelwickler, genauer gesagt seinen gefräßigen Nachwuchs, in Äpfeln. Aber nicht nur dort treiben die Raupen ihr Unwesen, auch in Birnen, Walnüssen, seltener in Quitten, Pflaumen, Aprikosen und Pfirsichen trifft man sie an. Wissenschaftler sprechen den Apfelwickler mit seinem zoologischen Namen *Cydia pomonella* an. Lassen Sie sich nicht verwirren, denn in einigen Publika-

Als klassische Obstmade frisst sich der Nachwuchs
des Apfelwicklers und des Pflaumenwicklers
durch die schönsten Früchte.
Ganz schön frech …
aber auch angreifbar.

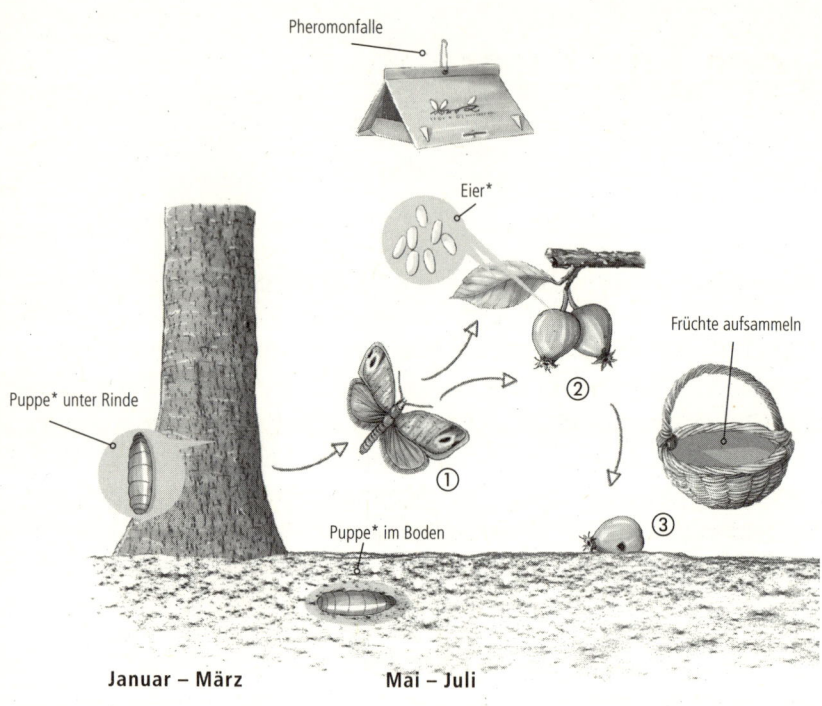

Pheromonfalle

Eier*

Früchte aufsammeln

Puppe* unter Rinde

①

②

③

Puppe* im Boden

Januar – März   **Mai – Juli**

Mitte Mai schlüpfen die erwachsenen Apfelwickler und paaren sich (1). Danach legt das Weibchen seine Eier an Blättern, Trieben oder den kleinen Früchten ab (2). Nach drei Wochen schlüpfen die Räupchen, bohren sich in die Früchte und fressen drei bis sechs Wochen darin. Die wurmigen Früchte fallen meist ab (3). (* Eier und Puppe vergrößert dargestellt.)

tionen wird er auch *Laspeyresia pomonella* genannt. Seine Larven, gelblich rot bis fleischfarben, fressen im Kerngehäuse und im Fruchtfleisch des Apfels. An den kleinen Äpfelchen, die sich Ende Mai, Anfang Juni bilden, richten sie keinen großen Schaden an. Bewohnte Früchte fallen ab. Erst die zweite Generation Raupen, die im Spätsommer in den fast reifen Äpfeln zu Gange ist, bringt größere Ernteverluste. Doch halt! Spulen wir den Film noch einmal kurz zurück, an den Anfang, dorthin, wo die unscheinbaren Schmetterlinge mit den graubraunschwarzen Flügeln zum Paarungsflug aufsteigen …

Liebesabende

An einem lauen Abend Mitte Mai (1), wenn die Temperaturen bei angenehmen 14 bis 16 °C liegen, beginnt der Paarungsflug der Apfelwickler. Unter günstigen Bedingungen kann er sehr lange anhalten. Besonders beliebt ist bei den Schmetterlingen warmes, trockenes Wetter, möglichst ohne starke Luftbewegung. Damit sich Wicklermann und Wicklerfrau auch finden, legt das Weibchen ein ganz besonderes Parfüm auf: Sexualpheromon (siehe Seite 45). Dieser Duftstoffmix ist so speziell, dass er nur die Apfelwicklermännchen anlockt. Am Tage sind die Falter nicht aktiv. Sie verbergen sich an Baumstämmen, Ästen und unter Blättern. Ihre graubraune Tarnfärbung macht sie fast unsichtbar.

Familienplanung

Ein bis zwei Tage nach der Paarung legt das Weibchen seine Eier einzeln an Blättern, Trieben oder den jungen Früchten ab (2). Die Eier erkennt man nur bei genauem Hinsehen: Sie sind abgeflacht wie ein Schildchen. Bis zu 100 Eier kann ein einzelnes Weibchen ablegen.

Fressgelage Nummer 1

Die zunächst winzigen Räupchen schlüpfen spätestens drei Wochen später aus den Eiern (3). Sofern sie sich nicht schon auf einer Frucht befinden, begeben sie sich schnurstracks dorthin. In der Regel eine Raupe pro Frucht, aber eine Raupe kann auch mehrere Früchte nacheinander ansteuern. Mit ihren Mundwerkzeugen bohrt sie sich einen Gang durch die feste Fruchtschale und das Fruchtfleisch bis zum Kerngehäuse. Dort ist sie vor Vögeln und anderen Feinden sicher. Ihre Hinterlassenschaften schiebt sie durch das Loch hinaus. Das Löchlein wird entweder durch den Kot verklebt oder mit einem Blatt versponnen. Drei bis sechs Wochen dauert die Völlerei. Die wurmstichigen jungen Äpfel fallen meist ab (4). Dass sie bewohnt waren, fällt gar nicht weiter auf, denn dieses Ereignis fällt just in die Zeit des sogenannten Junifruchtfalls, bei dem unbefruchtete und überzählige Äpfelchen abgestoßen werden. Groß geworden, verlässt die Raupe die Frucht und wandert zielstrebig in Richtung Stamm, wo sie sich ein Versteck unter der Borke sucht und sich in einem Gespinst verpuppt oder überwintert (5).

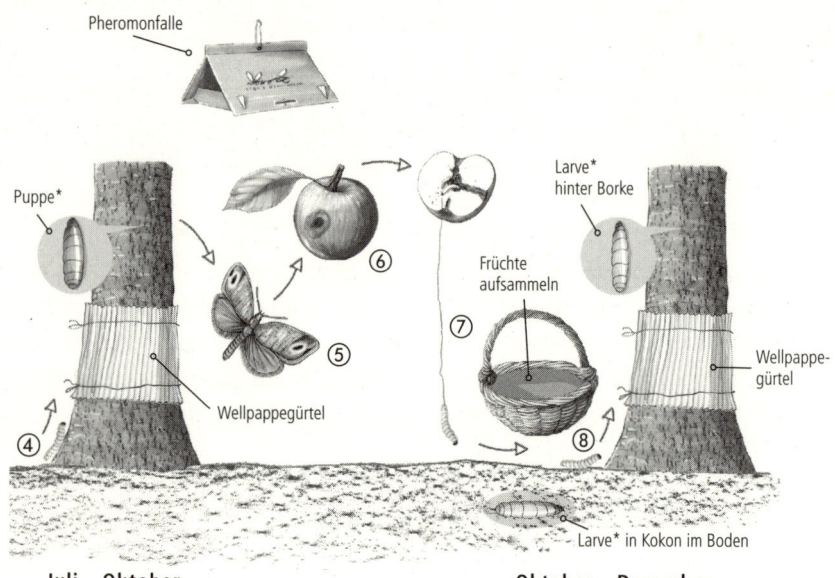

Juli – Oktober   **Oktober – Dezember**

Die Raupen verlassen die Äpfel und verpuppen sich oder überwintern als Larven (4). Ab Ende Juli schlüpft der verpuppte Teil, um sich zu paaren (5). Ihre Eier legen die Tiere auf den fast reifen Äpfeln ab (6), in denen dann die Raupen fressen, um sich nach wenigen Wochen zum Boden abzuseilen (7). Als Larven überwintern die Tiere im Boden oder hinter der Borke des Stamms (8). Mit Pheromonfalle, Wellpappegürtel und Aufsammeln befallener Äpfel lässt sich der Befall reduzieren.
(* Puppe und Larve vergrößert dargestellt.)

Spiel' es noch mal, Baby!

Während sich ein Teil der Raupen schon in die Winterruhe verabschiedet hat, verpuppen sich die anderen, um noch im gleichen Jahr Ende Juli, Anfang August zum Paarungsflug aufzusteigen (6). Nun werden die Eier an den fast reifen Äpfeln abgelegt (7). Das Spiel beginnt von vorn, nur dass die Äpfel meist nicht mehr zu Boden fallen. Die voll entwickelten Raupen spinnen jeweils einen Faden und seilen sich in Richtung Erdboden ab (8). Angekommen, suchen sie sich Verstecke unter der Borke, wo sie sich verspinnen, um zu überwintern (9). Ein Teil überwintert auch im Boden in der Nähe des Stammes. Dort warten sie geduldig bis zum Frühjahr, erst gegen Ende April verpuppen sie sich, um dann Mitte Mai zu schlüpfen und sich zu paaren.

Der Pflaumenwickler

Ganz ähnlich wie beim Apfelwickler vollzieht sich die Entwicklung auch beim Pflaumenwickler *(Grapholita funebrana* oder *Laspeyresia funebrana)*. Die Eckdaten: Ende Mai findet der erste Paarungsflug statt, Ende Juli der zweite. Die Verpuppung der im August geschlüpften Raupen erfolgt im darauffolgenden Frühjahr. Die Eier werden einzeln auf den Früchten abgelegt. Dort, wo sich die rötlich gefärbte Raupe in die Pflaume eingebohrt hat, bildet sich ein Gummitropfen. Die Pfläumchen, in denen die Larven der ersten Generation leben, verfärben sich vorzeitig bläulich und fallen ab. Der Schaden bleibt gering. Die Raupen der zweiten Generation fressen das Fruchtfleisch um den Stein herum. Die entstandene Höhlung ist mit dunklen Kotkrümelchen gefüllt. Betroffen sind insbesondere mittelspät und spät reifende Pflaumensorten.

Wie funktionieren die Pheromonfallen?

Damit jeder Apfelwicklermann seine Apfelwicklerdame findet, sendet die Apfelwicklerdame Lockstoffe aus, die zur Gruppe der Sexualpheromone gehören (siehe Seite 45). Diese ganz spezifische Situation im Leben der Schmetterlinge machen wir uns bei Maßnahmen gegen Apfelwickler und Co. zunutze. Ein synthetisch hergestellter Lockstoff wird mit klebrigen Leimtafeln zusammengebracht – fertig ist die Pheromonfalle.

Die Männchen folgen eher dem viel stärkeren, synthetischen Lockstoff der Pheromonfalle als dem natürlichen der Weibchen, landen auf den Tafeln – und bleiben kleben. Da nun ein Teil der Männchen aus dem Verkehr gezogen ist, bleiben viele Weibchen unbegattet. Sie legen unbefruchtete Eier, die absterben. Die Zahl der begatteten Weibchen sinkt und damit auch die Menge der befruchteten Eier, die gelegt werden, und die Anzahl der Larven, die ihr Unwesen treiben.

Tipp Jede Schmetterlingsart hat ihre ganz spezielle Molekülzusammensetzung, mit der Artgenossen untereinander kommunizieren. Auch bei den Pheromonfallen gibt es für jede anzulockende Art eine eigene Falle!

Eine Pheromonfalle gegen Obstwickler besteht in der Regel aus einem Fallenkörper, zwei Leimböden und einer Pheromonkapsel, die erst kurz vor der Anwendung geöffnet wird, um die Duftstoffe nicht zu früh freizusetzen. Mit einem Draht wird die Falle befestigt.

Wie gut funktioniert es?

Zur Bekämpfung sind die Pheromonfallen nur bedingt geeignet. Bei geringen Befallsstärken lässt sich die Anzahl der Männchen mit Hilfe der Fallen durchaus reduzieren, sodass nur wenige Früchte im Laufe des Sommers geschädigt werden. Viel besser eignet sich die Pheromonfalle aber zur Prognose. Mit ihr kann der genaue Zeitpunkt für Maßnahmen gegen die Raupen festgelegt werden, bevor sich die Tiere in die Früchte einbohren. Von der Menge der »geleimten« Wicklermännchen lässt sich der Flughöhepunkt ableiten. Und dann wird gerechnet. Ein bis zwei Tage später legen die Weibchen ihre Eier. Noch einmal acht bis 14 Tage, aber spätestens drei Wochen später schlüpfen die Räupchen. Je wärmer und trockener es ist, desto früher. Dann ist der nächste empfindliche Punkt im Apfelwicklerleben erreicht: der Zeitpunkt zwischen Schlupf und Einbohren in die Früchte. Im Biogarten stehen verschiedene Nützlinge zur Verfügung, die in diesem Zeitraum eingesetzt werden können: *Trichogramma*-Schlupfwespen und Apfelwickler-Granulovirus.

Pheromonfallen wirken nur im Zusammenspiel mit weiteren Maßnahmen zuverlässig. Wichtig ist, dass die Gartennachbarn gegen Apfelwickler und Pflaumenwickler zusammenrücken. Denn leider hilft es nicht, der Einzige in der Nachbarschaft zu sein, der aktiv gegen die Falter vorgeht. Denn diese kennen keine Gartengrenzen. Hat man die »eigenen« mit der Falle und vorbeugenden Maßnahmen ausgetrickst, rücken die aus Nachbars Garten nach.

Pheromone: ganz besondere Düfte

Pheromone sind spezifische Botenstoffe oder Signalstoffe, mit denen Angehörige einer Art Informationen austauschen. Sie bestehen aus einem Gemisch verschiedener chemischer Komponenten in unterschiedlichen Mischungsverhältnissen. Ihre Wirkungsweisen sind sehr komplex und mit optischen und akustischen Signalen verbunden. Das Wissen um die Pheromone macht man sich schon sehr lange zunutze. Künstlich hergestellte Pheromone wurden in der Bundesrepublik Deutschland erstmals 1986 zugelassen, um den Einbindigen Traubenwickler *(Eupoecilia ambiguella)* bei der Paarung zu stören. Heute werden Pheromone zum Beispiel zur Kontrolle von Schädlingsaufkommen im Gartenbau und als Köder im Forstbereich eingesetzt.

Paarungsdüfte

Sexualpheromone stellen sicher, dass sich Männchen und Weibchen einer Art zur Paarungszeit finden. Die Weibchen setzen sie in sehr geringen Konzentrationen im Nanogrammbereich ab, die aber kilometerweit wirken. Bei Schmetterlingsweibchen befinden sich die duftproduzierenden Drüsen am Hinterleib. Mit den Fühlern nehmen die Schmetterlingsmännchen die Duftstoffe auf. Pheromone zu versenden, ist allerdings keine reine Frauensache. Auch die Männchen können es, aber nur auf geringe Distanz. Bekannt ist das von Schmetterlingsmännern, die damit die Weibchen stimulieren.

Versammlungsdüfte

Doch Pheromone dienen nicht nur der sexuellen Anziehung. Aggregationspheromone locken Artgenossen an oder steuern das Zusammenleben sozialer Insekten. Bei verschiedenen Borkenkäferarten gibt es diese Versammlungsdüfte. Sobald die Pionierkäfer der Borkenkäfergattung *Ips,* zu der unter anderem der Buchdrucker *(Ips typographus)* gehört, einen Baum besiedelt haben, senden sie Duftstoffe aus, mit denen sie ihre Artgenossen zu genau diesem Baum locken. Und der Baum hilft den Käfern sogar dabei, denn aus seinen Terpenen und Terpenolen wird das Pheromon im Darm der Käfer gebaut. Neben den Aggregationspheromonen entstehen so auch Sexualpheromone, um das andere Geschlecht zum »Futterbaum« zu locken.

Warnrufe

Alarmpheromone warnen Artgenossen vor Bedrohungen, sodass diese zur Flucht veranlasst werden. Blattläuse geben solche Substanzen beispielsweise ab, wenn sie durch räuberische Insekten bedroht werden.

Reviere abgrenzen

Markierungspheromone verhindern, dass Nahrungspflanzen, Wirte oder Substrate überbelegt oder überbevölkert werden. So markiert die Kirschfruchtfliege die Früchte, an denen sie bereits ein Ei abgelegt hat. Nachfolgende Weibchen erkennen das und suchen sich eine andere Frucht zur Eiablage.

Nahrungssuche

Spurpheromone, die bei sozialen Insekten nachgewiesen wurden, informieren Angehörige der eigenen Art über Nahrungsquellen.

Einsatzbereit?

Kurz vor der Flugzeit, etwa Mitte Mai, werden die Pheromonfallen in Hauptwindrichtung aufgehängt. Da sich die Falter am oder in der Nähe des Apfelbaumes oder Pflaumenbaumes verpuppen, bringt man die Fallen nicht am betroffenen Baum selbst an, sondern an anderen Bäumen oder einem Holzpfahl in der Nähe. So werden die Falter erst einmal weggelockt. Hängen Sie die Fallen etwa in Augenhöhe auf, so lassen sie sich besser kontrollieren. In klimatisch begünstigten Regionen kann der Flug auch schon zwei bis vier Wochen eher beginnen.

Die Pflanzenschutzdienste beobachten den Flugverlauf Jahr für Jahr und dokumentieren ihn. In den letzten Jahren konnten keine eindeutigen Flughöhepunkte der beiden Apfelwicklergenerationen mehr festgestellt werden. Der Apfelwickler fliegt kontinuierlich vom Frühling bis zum Spätsommer. Darum sollte die Falle bis Mitte August hängen bleiben. Pheromone und Leim halten allerdings nicht so lange. Sie sollten nach etwa sechs Wochen mit einem Nachfüllpack aufgefrischt oder ganz ausgetauscht werden. Auch der Einsatz von Nützlingen muss kontinuierlich durchgeführt werden, wenn er Erfolg haben soll.

Für Pflaumenwickler reicht es, die Fallen zu den Flughöhepunkten im Mai und Juli aufzuhängen und etwa sechs Wochen hängen zu lassen. Für die zweite Flugzeit wird die Falle mit einem Nachrüstset wieder startklar gemacht.

Tipp Die verbrauchten Fallen und völlig leeren Pheromonkapseln werden in den Restmüll gegeben.

Was kann man noch tun?

Fallobst aufsammeln

Die Larven fallen oft mit den Früchten zu Boden. Von diesen aus wandern die Tiere zu ihrem Verpuppungsort oder ins Winterquartier am Baumstamm. Sammeln Sie wurmstichiges Fallobst deshalb sofort auf, auch das des Junifruchtfalls. Schütteln Sie zwischendurch auch mal die Bäume. Befallene Früchte fallen herunter.

Wellpappegürtel

Basteln Sie sich einen etwa 10 Zentimeter breiten Gürtel aus Wellpappe. Befestigen Sie ihn ab Ende Juni oder ab Ende August locker in etwa 50 Zentimeter Höhe am Stamm. Der Gürtel sollte nicht zu fest anliegen. Die Larven nehmen die Wellpappe gerne als Verpuppungsort an. Kontrollieren Sie den Gürtel wöchentlich auf versteckte Larven und Puppen. Tauschen Sie den Gürtel bei starkem Besatz aus und geben Sie ihn mit den Puppen in den Hausmüll. Spätestens Ende Oktober wird der Gürtel wieder abgenommen.

Stammpflege

Auch im Winter können Sie etwas tun: Bürsten Sie die Stämme mit einer Drahtbürste oder Wurzelbürste ab. Das zerstört die Raupenkokons unter der Borke. Legen Sie davor ein Laken oder eine Zeitung um den Stamm. Geben Sie das Abgebürstete in den Hausmüll. Das Bürsten schadet dem Baum nicht.

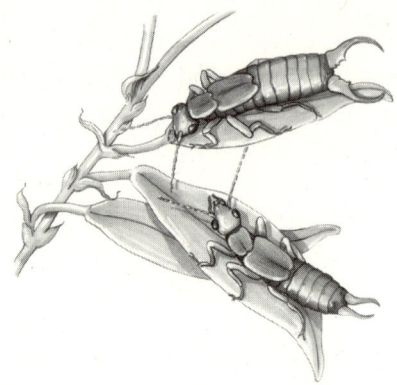

Natürliche Feinde

Singvögel, Ohrwürmer, Wanzen, natürlich vorkommende Schlupfwespen (zum Beispiel *Elodia tragica, Trichomma enecator, Ascogaster quadridentatus*) und andere Insekten leben vom Apfelwickler.

Tipp Wie Sie nützliche Insekten im Garten fördern können, lesen Sie auf Seite 28.

Schlupfwespen und Granulovirus

Nach dem Schlupf und vor dem Einbohren in die Früchte sind die Apfelwicklerlarven sehr empfindlich. Dann haben *Trichogramma*-Schlupfwespen und Granuloviren leichtes Spiel. Mit Hilfe der Pheromonfallen können Sie den optimalen Termin zum Einsatz dieser Nützlinge abschätzen.

Die Schlupfwespen legen ihre Eier in die Raupen ab. Der Nachwuchs ernährt sich vom Gewebe der Larven. Parasitierte Raupen bleiben zunächst kleiner, bewegen sich langsamer und sterben schließlich.

Der Apfelwickler-Granulovirus wird wöchentlich ausgebracht. Die Raupen nehmen den Virus mit der Nahrung auf. Der Virus vermehrt sich in der Raupe und tötet sie dabei. Die abgetöteten Raupen sind schwarz verfärbt.

Tipp *Trichogramma*-Schlupfwespen gibt es auch gegen die Larven des Pflaumenwicklers.

Nussbäume und Holzstapel

Apfelwickler sind nicht wählerisch bei der Suche nach ihrem Verpuppungsort oder Winterquartier. Die Stämme von Nussbäumen, ungeschälte Holzpfähle und Holzstapel werden gerne angenommen. Dort, wo der Apfelwickler jedes Jahr stark auftritt, sollte diesen Stellen besondere Aufmerksamkeit geschenkt werden.

Tipp Holzstapel und Totholzhaufen ziehen auch viele nützliche Insekten an, die in dem Holz leben oder es abbauen. Singvögel finden dort ausreichend Nahrung für sich und ihren Nachwuchs.

Weintrauben schützen

Wickler sind nicht nur an Apfel und Pflaume ein Problem. Zwei Arten setzen in unseren Breiten auch dem Wein zu: Der Einbindige Traubenwickler *(Eupoecilia ambiguella)* ist verbreiteter als der Bekreuzte Traubenwickler *(Lobesia botrana).* Letzterer kommt vor allem in den wärmeren Weinbauregionen vor. Im Mai fliegt die erste Generation Wickler. Die Larven nagen an den Blüten, fressen sie aus, verkleben und verspinnen die Blütenstände. Die zweite Generation erscheint im Sommer und schädigt die Früchte. Die Larven bohren sich in die unreifen Beeren ein. Die beschädigten Beeren werden nachfolgend von Pilzen und Bakterien besiedelt und faulen. Ähnlich wie beim Apfelwickler lässt sich ein Teil der Traubenwicklermännchen mit Pheromonfallen abfangen. Zusätzlich können die Räupchen abgesammelt werden. Die Pheromonfallen dienen auch der Überwachung. So lässt sich besser abschätzen, wann Maßnahmen gegen die Raupen beginnen können. Die erste Generation schlüpft je nach Temperatur nach sechs bis 12 Tagen aus den Eiern, die zweite nach fünf bis sechs Tagen. Dann können Bio-Pflanzenschutzmittel mit *Bacillus thuringiensis* eingesetzt werden (siehe Seite 14). Diese wirken aber nur, solange sich die Raupen noch nicht in die Beeren gebohrt haben.

Auch ohne Pheromonfallen kann man den Befall abschätzen: Bei mehr als fünf Raupen pro Blütenstand sollte sofort mit *Bacillus thuringiensis* gesprüht werden. Denn haben sich die Räupchen erst einmal in die Weinbeeren gebohrt, sind sie für den Bacillus nicht mehr zu erreichen.

Kastanienminiermotte

Seit einigen Jahren schon treibt die Kastanienminiermotte ihr Unwesen bei uns. Ursprünglich stammt sie vom Balkan. Ihre Larven leben in den Kastanienblättern und fressen Gänge hinein, sodass die Kastanien ihr zerstörtes Laub schon im Spätsommer fallen lassen. Die Larven überwintern in den heruntergefallenen Kastanienblättern. Die Mottenmänner sind ähnlich leicht zu verführen wie die Wicklermänner. Mit Pheromonfallen, die mit dem Lockstoff der Weibchen befüllt werden, lassen sich viele Männchen zur Zeit der Kastanienblüte anlocken. Die Fallen werden im unteren Kronenbereich der Kastanien aufgehängt. Das befallene Kastanienlaub sollte spätestens im Herbst aufgesammelt und entsorgt werden.

☑ Checkliste Pheromonfalle

Verlassen Sie sich nicht nur auf die Pheromonfallen im Kampf gegen Apfelwickler und Pflaumenwickler. Die Fallen dienen nur der Kontrolle des Wicklerfluges, auch wenn dabei einige Männchen abgefangen werden. Mit einem ausgeklügelten Aktivprogramm kommen Sie gut gegen die Obstmaden an:

▷ Hängen Sie die Pheromonfallen vor der erwarteten Flugzeit Mitte Mai und Ende Juli auf. In klimatisch begünstigten Regionen können die Falter zwei bis vier Wochen eher starten.

▷ Für den Apfelwickler die Fallen durchgehend bis August hängen lassen und nach sechs Wochen erneuern.

▷ Bringen Sie die Fallen in der Nähe der gefährdeten Obstbäume – nicht in den gefährdeten Bäumen selbst – in Kopfhöhe und in Hauptwindrichtung an.

▷ Aktivprogramm: Im Sommer Wellpappegürtel anbringen, rechtzeitig Schlupfwespen oder den Apfelwickler-Granulovirus ausbringen, Fallobst aufsammeln und im Winter die Raupenkokons am Stamm abbürsten.

*Frisch und knackig – auch
Nacktschnecken mögen
Salat. Doch kann es böse
enden, die Kriecher stattdessen mit Bier zu locken.*

Bierfalle gegen Nacktschnecken

Über Nacht gab es ein Massaker unter den Dahlien. Überall abgefressene Stängel und Schleimspuren. Nacktschnecken waren das, ist doch klar! Jeder Gärtner hat eine andere Methode, mit diesen gefräßigen, schleimigen Biestern umzugehen. Die Bierfalle ist nach dem Schneckenkorn oft die erste Wahl. Sie ist schnell gebaut und befüllt. Doch sie hat einige, nicht zu vernachlässigende Nachteile.

Eine kleine Schneckenkunde

Die Rangliste der unbeliebtesten, da gefräßigsten Nacktschnecken führt die Spanische Wegschnecke an. Den zweiten Platz nimmt die Große Wegschnecke ein, dicht gefolgt von der Garten-Wegschnecke. Abgeschlagen am Ende versammeln sich die verschiedenen Ackerschnecken und einige Gehäuseschnecken.

Die Große Wegschnecke

Die mit Abstand häufigste Nacktschnecke in unseren Gärten ist die Große oder Rote Wegschnecke. Zwei verschiedene Arten tragen diesen Namen. Im Norden ist es die dunkel graubraune, fast schwarze *Arion ater*. Im Süden die rötliche *Arion rufus*. Beide Arten werden bis zu 18 Zentimeter lang, haben eine grob runzelige Haut und einen rundlichen Rücken ohne Kiel. Bei den Wegschnecken liegt das Atemloch vor dem Mantelschild. Die Großen Wegschnecken verstecken sich gern

51

unter dichtem Bewuchs und sind weniger ortstreu als andere Schnecken. Bei der Nahrungssuche legen sie auch längere Strecken zurück. Die Allesfresser ernähren sich von grünen und verwelkten Pflanzenteilen, Pilzen und Aas. Einmal im Jahr legen sie bis zu 150 Eier ab, in Gelegen von 20 bis 25 Stück.

Die Spanische Wegschnecke

Die Spanierin, zoologisch *Arion lusitanicus,* breitet sich bereits seit einigen Jahren in Mitteleuropa aus und verdrängt die heimischen Wegschneckenarten allmählich aus ihrem Lebensraum. Die zehn bis 15 Zentimeter große Spanische Wegschnecke ist variantenreich gefärbt: vom schmutzigen Graubraun bis zum grünlichen Braun, manchmal auch Dunkelrot. Verwechslungsgefahr besteht mit der Großen Wegschnecke, doch ist die Spanierin deutlich kleiner als jene. Manchmal tragen die Schnecken Seitenbinden. Die Jungtiere der Spanischen Wegschnecke sind rotbunt gestreift. Die der heimischen Wegschnecken sind eher hellgrau. Die Spanische Wegschnecke ist sehr produktiv, sie kann pro Jahr bis zu 400 Eier legen. Ein Teil schlüpft noch im Spätherbst, die anderen im darauffolgenden Frühjahr.

Siegeszug der Spanierin

Vor etwa dreißig Jahren kam die Spanische Wegschnecke mit Agrarimporten nach Mitteleuropa und Nordeuropa. In Portugal und Spanien wird sie von ihren Gegenspielern in Schach gehalten. Wahrscheinlich sind das ähnliche Schneckenfeinde wie hierzulande: Amphibien, Vögel, Laufkäfer und Kleinsäuger. Hier bei uns hat die Spanische Wegschnecke keine natürlichen Feinde. Vermutlich sind die Schnecken viel zu schleimig und die erwachsenen Tiere auch noch ziemlich zäh. Selbst Laufenten, die viele Schnecken vertilgen, verschmähen sie! Da die Spanischen Wegschnecken das trockene, heiße Wetter aus ihrer südeuropäischen Heimat kennen, kommen sie in unseren Sommern gut klar – im Gegensatz zu den heimischen Wegschneckenarten, die langsam von der Stärkeren verdrängt werden. In einigen Landstrichen besteht die Nacktschneckenpopulation sogar schon zu 95 Prozent aus der Spanischen Wegschnecke.

Die Garten-Wegschnecke

Die kleinste unter den vier häufigsten Wegschnecken ist mit vier Zentimeter Länge die Garten-Wegschnecke *(Arion hortensis)*. Auch sonst unterscheidet sie sich auffällig von den anderen Wegschnecken. Sie hat eine gelblich orangefarbene Sohle, die sich deutlich vom dunkelbraunen bis schwarz gefärbten Körper absetzt. Die Garten-Wegschnecken halten sich oft an oder direkt unter der Bodenoberfläche auf. Im Frühjahr und Sommer leben sie für den Gärtner recht unauffällig von Samen, Wurzeln und Knollen. Unangenehm fallen sie erst im Herbst auf, wenn sie sich an saftigen Kartoffelknollen und Möhrenwurzeln gütlich tun. Nur bei feuchter Witterung wagen sie sich so weit aus ihren Verstecken heraus, dass sie auch an Blätter und Stängel gehen. Einmal im Jahr legen sie etwa 80 Eier ab.

Die Genetzte Ackerschnecke

Ackerschnecken sind schlanker als Wegschnecken und sehr beweglich. Die Genetzte Ackerschnecke *(Deroceras reticulatum)* hat ihren Namen von der dunklen, netzartigen Zeichnung auf dem hellen, braun bis grau gefärbten Körper. Sie ist etwa vier Zentimeter groß. Das Atemloch liegt hinter der Mitte des Mantelschildes. Ackerschnecken sind sehr anpassungsfähig. Die Jungschnecken leben oft an den Wurzeln, die erwachsenen Schnecken über der Erde. Auf regennassen Pflanzen können die Altschnecken bis zu einen Meter hoch klettern, um dort balancierend Blätter und Blüten zu fressen. In Trockenzeiten ziehen sie sich in den Boden zurück und leben von Wurzeln und Knollen.

Wasser als Lebenselixier

Schnecken sind zum Überleben auf Feuchtigkeit angewiesen. Über den ganzen Körper verteilt befinden sich kleinere Schleimdrüsen, die verhindern, dass die Schnecke austrocknet. Schon 20 Prozent Flüssigkeitsverlust, zum Beispiel durch Sonne oder austrocknende Streu, sind tödlich. Um dem Tod durch Vertrocknen zu entgehen, sind Schnecken nur nachts oder bei feuchtem, regnerischem Wetter unterwegs. Ausnahmen bestätigen die Regel. Das Wasser tanken sie über die Haut und

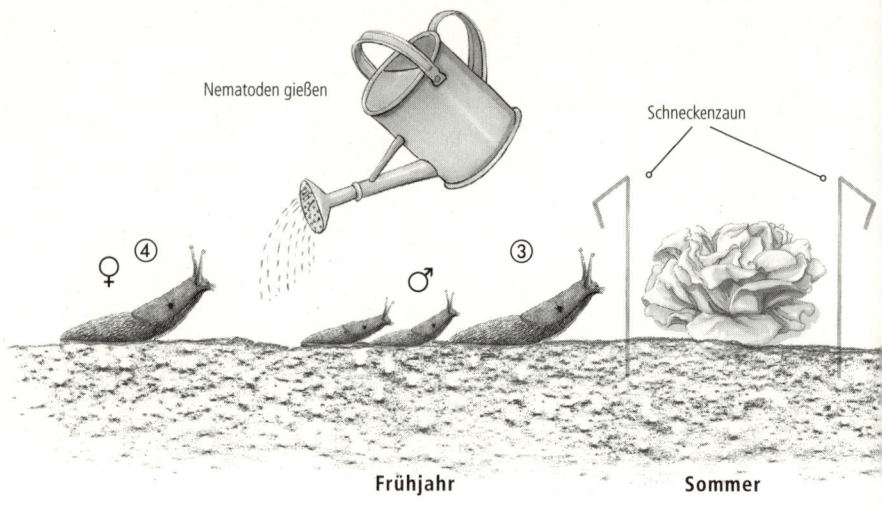

die Nahrung. Grundnahrungsmittel sind daher die saftigen, wasser-
reichen Pflanzenteile wie junge Blätter und Triebe, Früchte und Knollen. Aus einer Drüse auf der Kriechsohle wird ständig Schleim abgegeben. Auf diesem gleitet die Schnecke wellenförmig durch den Garten.
Der Hauptbestandteil dieses Gleitstoffs ist Wasser, das die Schnecke
dauernd nachliefern muss, damit ihr nicht die »Spucke« ausgeht.

Es regnet keine Schnecken

Auch wenn es uns manchmal so vorkommt, als würden sich Schnecken
ständig vermehren: Das ist ein Irrtum. Nacktschnecken paaren sich nur
einmal im Jahr, meist im Spätsommer oder Herbst. Die Eiablage erfolgt
dann einige Wochen später, die Jungschnecken schlüpfen meist erst im
kommenden Frühjahr. Im Sommer sind die ausgewachsenen Schnecken unterwegs.

Erst Mann, dann Frau

Und doch nährt auch ihre sexuelle Beschaffenheit das Gerücht von
sich ständig vermehrenden Schnecken. Denn Schnecken sind Zwitter, Mann und Frau in einem. Das bedeutet, dass jede einzelne Schne-

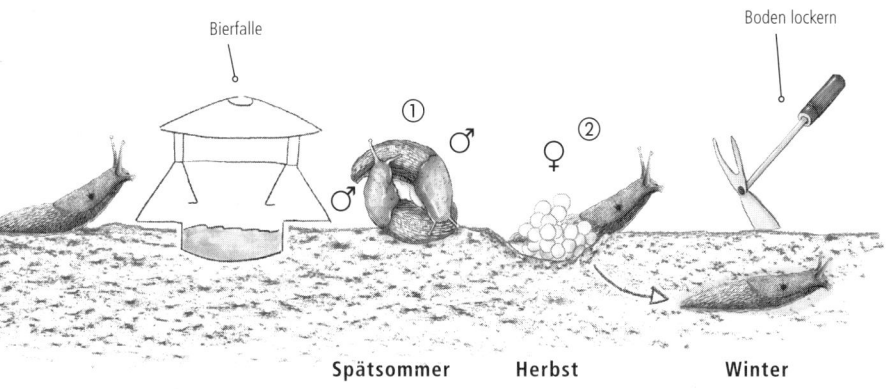

Bierfalle

Boden lockern

① ♂ ② ♀ ♂

Spätsommer   **Herbst**   **Winter**

Wenn sich im Spätsommer zwei Schnecken paaren, paaren sich zwei Männchen – denn Schnecken sind Zwitter und zu diesem Zeitpunkt in der »männlichen Phase« (1). Für die Eiablage im Herbst werden die Männchen dann zu Weibchen (2). Die Eier werden an feuchten, geschützten Stellen abgelegt. Einige wenige Jungschnecken schlüpfen bereits im Herbst, die meisten aber erst im darauffolgenden Frühjahr (3). Junge und alte Schnecken verbringen den Winter in Hohlräumen und Spalten im Boden. Ab März verlassen sie ihre Winterquartiere (4). Mit Schneckenzäunen, Bodenlockerung und überlegtem Einsatz von Bierfalle und Nematoden lässt sich das Schneckenproblem in den Griff bekommen.

cke befruchtete Eier legen und so zur Massenvermehrung beitragen kann. Doch Schnecken haben nicht von Geburt an zwei Geschlechter. Sie wechseln ihr Geschlecht erst nach der Paarung. Als Männer werden sie geboren, als Frauen sterben sie. Treffen im Spätsommer zwei geschlechtsreife Männchen aufeinander, tauschen sie ihre Spermiensäcke aus (1). Erst dann beginnt die weibliche Phase, in der Eier ausgebildet werden und reifen. Diese werden mit den gespeicherten Spermien befruchtet. Dieser Prozess kann zwei bis zehn Wochen dauern.

Ab Oktober legen die nun weiblichen Schnecken die befruchteten Eier an dunklen, feuchten, geschützten Orten ab: in Erdspalten, in Hohlräumen oder unter Steinen und Brettern (2). Je nach Art sind es 15 (bei der Genetzten Ackerschnecke) bis 400 Eier (bei der Spanischen Wegschnecke).

Geburt im Zeichen des Wetters

Milde Temperaturen und Feuchtigkeit beschleunigen die Embryonalentwicklung, sodass ein Teil der Schnecken noch im gleichen Jahr schlüpft und sich »Winterspeck« anfrisst. Bekannt ist das von der Spanischen Wegschnecke, deren Nachwuchs bereits im Herbst marodierend durch den Garten schleimt. Staunässe, anhaltende Trockenheit oder Frost verzögern dagegen die Entwicklung. Die meisten jungen Schnecken schlüpfen erst im Frühjahr (3). Die erwachsenen Schnecken verlassen ihre Winterquartiere ab März, aber nur bei einer Umgebungstemperatur von mindestens 8 °C (4). Zu diesem Zeitpunkt sind sie etwa 15 Prozent leichter als vor dem Winter und begeben sich sofort gezielt auf Nahrungssuche, um sich wieder ihr Kampfgewicht anzufuttern.

Wie funktionieren Bierfallen?

Schnecken sind dem Bier verfallen. Warum und wieso bleibt im Dunkeln. Klar ist nur, dass sich Schnecken vom Biergeruch verführen lassen. Der Alkohol im Bier hat eine lähmende und entwässernde Wirkung. Letztere ist besonders verhängnisvoll, da Schnecken auf Wasser angewiesen sind, um ihre Lebensfunktionen aufrechtzuerhalten. Kleine Schnecken sterben schnell an der Entwässerung durch das Bier. Größere fallen gelähmt in die Bierbrühe, wo sie dann sterben. Alkoholfreies Bier wirkt nicht.

Ob handelsübliche Bierfallen oder aus Joghurtbechern und Marmeladengläsern selbst gebastelte – wichtig ist, dass die Wände senkrecht und glatt nach unten laufen. Die Fallen werden zu zwei Dritteln mit Bier gefüllt. So müssen sich die Schnecken über den Fallenrand beugen. Die Schwerkraft tut dann ihr Übriges und die Schnecken fallen hinein.

Wie gut funktioniert es?

Jeder Gärtner macht andere Erfahrungen mit Bierfallen. Beim einen hilft's, beim anderen nicht. Eines ist unbestritten: Bier hat oft einen solch durchschlagenden Erfolg, dass nicht nur die Schnecken aus dem eigenen Garten in die Falle gelockt werden, sondern auch ganze Horden aus den Nachbargärten in einem Umkreis von 150 Metern. Das wäre an sich nicht schlecht. Doch lassen Schnecken vom Bier ab, wenn sie auf dem Weg an leckerem, saftigem Grün vorbeikommen und abgelenkt werden. Oder die Bierfallen sind hoffnungslos überbelegt, sodass die leer ausgegangenen Schnecken »enttäuscht« auf andere Genüsse ausweichen.

Im Sommer muss die Bierfalle öfter nachgefüllt werden, da der Alkohol bei heißem Wetter schnell verdunstet und die Wirkung der Falle nachlässt.

Nachteil: Nicht nur Schnecken folgen dem Ruf des Bieres. Auch andere meist nützliche Insekten und Säugetiere werden gnadenlos vom Alkohol angezogen. Insekten ertrinken im Bier. Igeln bekommt der Genuss überhaupt nicht, sie torkeln betrunken durch den Garten, und wenn sie dann noch betrunkene Schnecken fressen, bekommen sie eine Alkoholvergiftung. Kein Scherz! Oft genug sterben sie daran. Darauf machte auch die Gesellschaft zum Schutz von Igeln in Großbritannien aufmerksam (British Hedgehog Preservation Society). Ein guter Grund, auf Bierfallen im Garten zu verzichten!

Bierfallen locken eigene, aber auch Nachbars Schnecken an. Bedenken Sie darum vorher, ob Sie die Fallen tatsächlich einsetzen möchten. Bierfallen müssen täglich kontrolliert werden.

Einsatzbereit?

Wenn Sie sich entscheiden, Bierfallen trotz der genannten Nachteile einzusetzten, sollten diese nicht einzeln ins Zentrum eines Beetes gesetzt werden. Besser ist es, mehrere am Rand eines Beetes zu verteilen. Die Schnecken könnten zu leicht abgelenkt werden, wenn sie sich erst durch mehrere Reihen leckerer Salatköpfe bewegen müssen. Anders ist es, wenn die letzten Schnecken in einem von einem Schneckenzaun umgebenen Gebiet aus ihren Verstecken gelockt werden sollen. Dann ist ein zentraler Platz ideal.

Die Fallen werden nicht ebenerdig eingegraben, sondern nur so tief, dass sie noch ein bis zwei Zentimeter über dem Boden stehen. Das spielt fürs Schneckenreinlegen keine große Rolle, wohl aber beim Schutz unbeteiligter Laufkäfer und Weberknechte. Sie können dann bei ihren Streifzügen durchs Beet nicht mehr in das Bier fallen.

Die Fallen werden zu zwei Dritteln mit Bier gefüllt und schon ist die Falle fertig. Handelsübliche Bierfallen werden bereits mit einem Dach geliefert, das verhindert, dass das Bier durch Regenwasser verdünnt wird. Bei selbst gebastelten Fallen behilft man sich mit einem größeren Plastikbecher, der über die Falle gestellt wird. In das »Dach« wird zuvor ein schneckengroßer Durchgang geschnitten.

Tipp Bierfallen locken in der Regel viel mehr Schnecken an, als sie aufnehmen können. Kontrollieren Sie Bierfallen darum täglich. Leeren Sie erfolgreiche Fallen aus und füllen Sie neues Bier nach. Die toten Schnecken können Sie auf dem Kompost entsorgen oder vergraben.

Was kann man noch tun?

Schnecken sammeln

Absammeln ist die einfachste und preiswerteste Methode. Dabei müssen Sie nicht vor sich hin murmeln: »Wo würde ich mich verstecken, wenn ich eine Nacktschnecke wär'?« Nacktschnecken sind ja so durchschaubar: Sie suchen sich feuchte, dunkle Verstecke, wo sie den Tag verbringen. Nutzen Sie das und bieten Sie solche Versteckmöglichkeiten selbst an: Legen Sie Bretter, Rhabarberblätter oder andere große Blätter aus. Dann brauchen Sie diese »Schneckenpensionen« beim Sammeln nur noch abzulaufen. In den Abendstunden und an feuchten, trüben Tagen kommen die Schleimer heraus, um ihren Hunger zu stillen. Dann ist die beste Zeit für die Schneckensammelei.

Aussperren

Schneckenzäune sind eine nicht ganz preiswerte Möglichkeit, Schnecken aus kleinen Arealen auszusperren. Die Schleimer schaffen es nicht, das Hindernis aus gewinkeltem Blech, Kunststoff oder Drahtgeflecht zu überwinden. Mehr Informationen zu Einsatz und Wirksamkeit ab Seite 87.

Vertreiben

Gestalten Sie Ihren Garten so, dass er Schnecken nicht mehr gefällt. Schauen Sie sich genau um: Wo sind feuchte, dunkle Schlupfwinkel in Beeten und Rabatten? Das können Steine und Bretter zum Betreten der Beete oder eine zu dichte Bepflanzung sein. Auch unter einer hohen Mulchschicht finden Schnecken ein geeignetes Versteck, den Tag zu verschlafen. Und verzichten Sie auf Studentenblumen und andere bei Schnecken sehr beliebte Pflanzen, bis Sie die Schneckenplage unter Kontrolle haben. Auch wenn es schwerfällt!

Abschrecken

Barrieren aus trockenen Materialien entziehen dem Schneckenfuß Wasser, die Schleimproduktion kommt ins Stocken und damit auch das Vorwärtskommen. Sand, Sägemehl, Gesteinsmehl, Algenkalk oder gehäckseltes Stroh sind aber keine Dauerbrenner. Sie müssen nach Regengüssen erneuert werden. Achtung: Kalkstickstoff und Algenkalk verändern die Bodenreaktion schnell ins Basische. Besonders gefährdet sind leichte Böden. Setzen Sie diese beiden Mittel besser nur auf schweren Böden ein.

Schneckenfutter oder nicht?

Schnecken sind wählerisch bei ihrem Futter. Sie haben Geschmack und stopfen das Grünzeug nicht haltlos in sich hinein. Anstelle der beliebten Beeteinfassung aus Studentenblumen ist eine »schneckenresistente« aus Duftsteinrich oder Currykraut in einem schneckengeplagten Garten die bessere Wahl. Aus den leidvollen Erfahrungen und Beobachtungen vieler Gärtner sind Listen mit Schneckenpflanzen entstanden. Ein eindeutiges Schema hinsichtlich Vorliebe und Ablehnung lässt sich daraus leider nicht ableiten, aber die folgende Auswahl gibt eine grobe Orientierung. Vorsicht: Ausnahmen bestätigen wie immer die Regel. Auch bei Schnecken eigentlich unbeliebtes Futter wird nicht verschmäht, wenn die Nahrung knapp ist.

beliebt	verachtet

Gemüse (Auswahl)

beliebt	verachtet
Gartenbohne *(Phaseolus vulgaris)*	Endivie *(Cichorium endivia)*
Gurke *(Cucumis sativus)*	Erbse *(Pisum sativum)*
Kohlarten *(Brassica oleracea)*	Feldsalat *(Valerianella locusta)*
Kohlrabi *(Brassica oleracea)*	Porree *(Allium porrum)*
Kürbis *(Cucurbita*-Arten*)*	Rhabarber *(Rheum rhabarberum)*
Möhre *(Daucus carota)*	Rauke *(Diplotaxis tenuifolia)*
Paprika *(Capsicum annuum)*	rotblättrige Salatsorten wie Lollo rosso
Salat *(Lactuca sativa)*	Tomate *(Lycopersicon esculentum)*
Zucchini *(Cucurbita pepo)*	Zwiebel *(Allium cepa)*

Kräuter (Auswahl)

beliebt	verachtet
Basilikum *(Ocimum basilicum)*	Borretsch *(Borago officinalis)*
Garten-Bohnenkraut *(Satureja hortensis)*	Currykraut *(Helichrysum italicum)*

beliebt	verachtet

Kräuter (Auswahl)

Petersilie *(Petroselinum crispum)*	Lavendel *(Lavandula angustifolia)*
	Rosmarin *(Rosmarinus officinalis)*
	Schnittlauch *(Allium schoenoprasum)*
	Thymian *(Thymus vulgaris)*
	Zitronen-Melisse *(Melissa officinalis)*

Sommerblumen und Stauden (Auswahl)

beliebt	verachtet
Bechermalve *(Lavatera trimestris)*	Bartnelke *(Dianthus barbatus)*
Canna *(Canna indica)*	Duftsteinrich *(Lobularia maritima)*
Dahlie *(Dahlia-*Hybriden)	Eisenkraut *(Verbena officinalis)*
Funkie *(Hosta-*Arten)	Fetthenne *(Sedum-*Arten)
Lilie *(Lilium-*Arten)	Frauenmantel *(Alchemilla mollis)*
Lupine *(Lupinus polyphyllus)*	Gräser, unter anderem Blau-Schwingel *(Festuca glauca)*
Rittersporn *(Delphinium-*Arten und -Hybriden)	Löwenmäulchen *(Antirrhinus majus)*
Sommeraster *(Callistephus chinensis)*	Margerite *(Leucanthemum-*Arten)
Sonnenblume *(Helianthus annuus)*	Pfingstrose *(Paeonia lactiflora)*
Sonnenhut *(Rudbeckia fulgida)*	Phlox *(Phlox paniculata)*
Steppen-Salbei *(Salvia nemorosa)*	Ringelblume *(Calendula officinalis)*
Strauchmargerite *(Argyranthemum frutescens)*	Storchschnabel *(Geranium-*Arten)
Studentenblume *(Tagetes patula, Tagetes erecta)*	Zier-Lauch *(Allium-*Arten)

Vergrämen

Schneckenpaste ist eine giftfreie Paste auf Paraffinbasis. Sobald eine Schnecke ihren Fuß daraufsetzt, werden durch den Schneckenschleim geschmackliche Abwehrstoffe frei, die die Schnecke zur Umkehr bewegen. Die Paste kann auf Blumentöpfe, Hochbeete oder Schneckenzäune aufgetragen werden. Sie ist zwar regenfest, sollte aber nach einigen Wochen erneuert werden.

Helfer bei der Schneckenplage

Laufenten, Hühner, Singvögel, Frösche und Kröten tragen ihren Teil zur Schneckenbekämpfung bei. Sie laben sich vor allem an den Jungschnecken, die alten Schnecken sind ihnen meist zu schleimig. Erwarten Sie nun aber nicht, dass sich diese Tiere auf alle Nacktschnecken stürzen und sie vertilgen. Nacktschnecken sind eine Bereicherung des Speiseplans und kein Grundnahrungsmittel! Die Spanische Wegschnecke wird wegen ihrer Zähigkeit nicht gern angenommen.

Tipp Entgegen der vorherrschenden Meinung sind Igel keine ausgesprochenen Schneckenfresser. Auf ihrem Speiseplan stehen vor allem Insekten und Würmer. Dafür gibt es eine Menge Insekten und Spinnen, die sich auch an Schnecken heranwagen: Laufkäfer, Glühwürmchenlarven, Weberknechte und Schneckenfliegen.

Frösche und Kröten im Garten

Frösche und Kröten brauchen Wasser zum Leben. Dort legen sie ihre Eier ab und dort entwickeln sich die Kaulquappen. Ein Gartenteich allein reicht aber nicht, die Amphibien im Garten anzusiedeln. Sie brauchen auch einen feuchten Unterschlupf, wenn sie sich zur Nahrungssuche an Land begeben. Den finden sie unter Reisig-, Holz- und Steinhaufen oder in Nischen an der Trockenmauer. Frösche und Kröten ernähren sich auch von Insekten und Würmern.

Bodenbearbeitung

Schnecken suchen sich ihre Winterquartiere in Bodenhöhlungen und Bodenritzen. Lockern Sie den Boden gefährdeter Beete im Winter auf, solange er nicht gefroren ist. Damit stören Sie die Schnecken. Sie werden an die Bodenoberfläche geholt und erfrieren bei folgenden Frösten. Sammeln Sie bei dieser Gelegenheit auch Eigelege auf.

Nützliche Nematoden

Nematoden der Art *Phasmarhabditis hermaphrodita* suchen gezielt Nacktschnecken und vermehren sich in ihnen. Sie geben ein Bakterium ab, das die Schnecken tötet. Infizierte Schnecken erkennt man am angeschwollenen Mantelschild. Am besten wirken die Nematoden, wenn sie einige Tage vor der Aussaat oder dem Setzen von Jungpflanzen ausgebracht werden. Versuche zeigten allerdings, dass sie die Spanische Wegschnecke verschonen, dafür aber an die vergleichsweise harmlosen Genetzten Ackerschnecken und Garten-Wegschnecken gehen.

Bio-Schneckenkorn

Schneckenkorn mit dem Wirkstoff Eisen-III-Phosphat wird im Boden schnell zu Eisen und Phosphor abgebaut. Es wird gleichmäßig um die gefährdeten Pflanzen gestreut, nicht in Häufchen und nicht zu dicht. Auf dem Weg zum Salatkopf oder zu anderen Leckereien werden die Schnecken von den Körnern abgelenkt. Fressen sie die Körner, verändern sich die Zellen am Kropf und am Mitteldarm und die Schnecken hören auf zu fressen. Die Aufwandmengen sind im Vergleich zu Nicht-Bio-Schneckenkorn sehr hoch. Trotzdem ist Bio-Schneckenkorn die bessere Wahl.

Was funktioniert nicht?

Schnipp-Schnapp

Schnecken zerschneiden ist nicht jedermanns Sache. Wer es dennoch tut, sollte die Schneckenhälften nicht liegen lassen. Sie locken andere Schnecken an, denn Schnecken sind Aasfresser und schrecken auch vor toten Artgenossen nicht zurück.

Ablenken

Trockenes Hundefutter, Kleie und anderes Ablenkfutter sind riskant. Sie halten Schnecken nur bedingt von empfindlichen Pflanzen fern. Wie die Bierfallen können sie die Schnecken erst recht ins Beet locken.

Schneckenbrühe

Eine besonders grausige Methode, Schnecken zu vergrämen, ist die sogenannte Schneckenbrühe. Die gesammelten Schnecken werden mit kochendem Wasser überbrüht. Das riecht sehr unangenehm und soll andere Schnecken vor dem »Schneckentod« warnen. Aus hygienischen Gründen sollte die Schneckenbrühe nicht über Gemüse, Kräuter und andere zum Verzehr bestimmte Pflanzenteile gegossen werden!

☑ Checkliste Bierfallen

Bierfallen sind keine sehr verlässliche Methode, um Nacktschnecken zu bekämpfen. Sammeln Sie weiterhin Schnecken ab und planen Sie auch weitere Maßnahmen ein (siehe Seite 58).

▷ Bierfallen nicht im Zentrum des Beetes aufstellen, sondern besser am Rand verteilen.

▷ Zum Schutz vor unbeteiligten Laufkäfern und Weberknechten die Fallen nicht ebenerdig eingraben, sondern ein bis zwei Zentimeter überstehen lassen.

▷ Die Fallen zu zwei Dritteln mit Bier füllen. Ein Dach darüber verhindert, dass Regen das Bier verdünnt.

▷ Kontrollieren Sie die Fallen täglich, leeren Sie sie aus und füllen Sie Bier nach.

Noch mehr Gartenschnecken

Im Garten tummeln sich noch einige andere Schnecken. Manche von ihnen harmlos wie der Tigerschnegel, andere wie Bänderschnecke und Weinbergschnecke auch mit dem Potential zur Salatkopfvernichtung.

Bänderschnecken

Am häufigsten kriechen uns die Gartenbänderschnecke *(Cepaea hortensis)* und die Hainbänderschnecke *(Cepaea nemoralis)* über den Weg. Das Haus jeder Schnecke ist einzigartig, mal ist es einfarbig hell, mal mit verschieden breiten Bändern verziert. Die Bänderschnecken erklimmen Hauswände, Bäume und Sträucher. Sie ernähren sich vorwiegend von Algen, Blättern und Früchten. Besonders beliebt scheinen Johannisbeeren zu sein. Großen Schaden richten die Tiere selten an. Liegt jedoch ein Salatkopf auf dem Weg, verschmähen sie ihn nicht. An heißen, trockenen Tagen ziehen sich die Bänderschnecken in ihre Häuschen zurück und verkleben den Eingang mit Schleim. Sie halten Trockenschlaf, bis sich das Wetter zu ihren Gunsten verbessert.

Weinbergschnecke

Die Weinbergschnecke *(Helix pomatia)* ist die größte heimische Schnecke mit Haus: Bis zu fünf Zentimeter Durchmesser kann ihr Häuschen erreichen. Weinbergschnecken leben von frischen und welken Pflanzenteilen, können aber auch mittelschwere Schäden an Salat oder Dahlien anrichten. Dass sie mit Vorliebe die Eier der Nacktschnecken vertilgen, ist ein Gerücht. Sie fressen zwar Schneckeneier, aber nicht mehr, als andere Schnecken das auch tun. Weinbergschnecken stehen unter Naturschutz.

Tigerschnegel

Der Tigerschnegel *(Limax maximus)* ist ziemlich groß: Er kann bis zu 20 Zentimeter lang werden, die meisten Tiere erreichen aber nur 12 bis 14 Zentimeter. Auf seinem hellgrauen Rücken trägt er ein dunkles Fleckenmuster, das entfernt an Leoparden oder Tiger erinnert. Der Tigerschnegel ist harmlos: Er erbeutet Pilze, Fallobst und abgestorbene Pflanzenteile. Haupttummelplatz ist der Komposthaufen, wo er organische Substanz abbaut. Auch in feuchtkühlen Kellern fühlt er sich wohl. Dort vergreift er sich manchmal am Lagergut, doch mit minimalem Schaden. Der Tigerschnegel ist vor allem nachts unterwegs.

Gartenlaubkäferfalle

Der Gartenlaubkäfer, *Phyllopertha horticola,* manchmal auch Kleiner Rosenkäfer oder Junikäfer genannt, ist eng mit dem Echten Junikäfer und dem Feld-Maikäfer verwandt. Sowohl die ausgewachsenen Käfer als auch die als Engerlinge bezeichneten Larven können an Bäumen, Sträuchern und Graswurzeln große Schäden anrichten. Es ist nicht leicht, sie loszuwerden. Mit Lockstofffallen und nützlichen Nematoden gibt es zwei Mittel, die Abhilfe schaffen können.

Stelldichein überm Rasen

Im Mai ist was los! Da ist großer Käfertanz auf dem Rasen. Die frisch geschlüpften Weibchen der Gartenlaubkäfer kriechen des Nachts aus dem Boden unter dem Rasen. Die Männchen schwirren schon erwartungsvoll. Gleich, nachdem die Weibchen geschlüpft sind, findet die Begattung statt (1). An Ort und Stelle werden etwa 80 Prozent der 30 bis 40 Eier gelegt. Dafür kriecht das Weibchen gleich wieder fünf bis 16 Zentimeter tief in den Boden zurück (2). Nicht alle Käfer schlüpfen auf einmal. Dieses Schauspiel zieht sich bis in den Juli hinein.

Der Gartenlaubkäfer: Seine Larven leben unter den Rasensoden und fressen an Wurzeln von Gräsern.

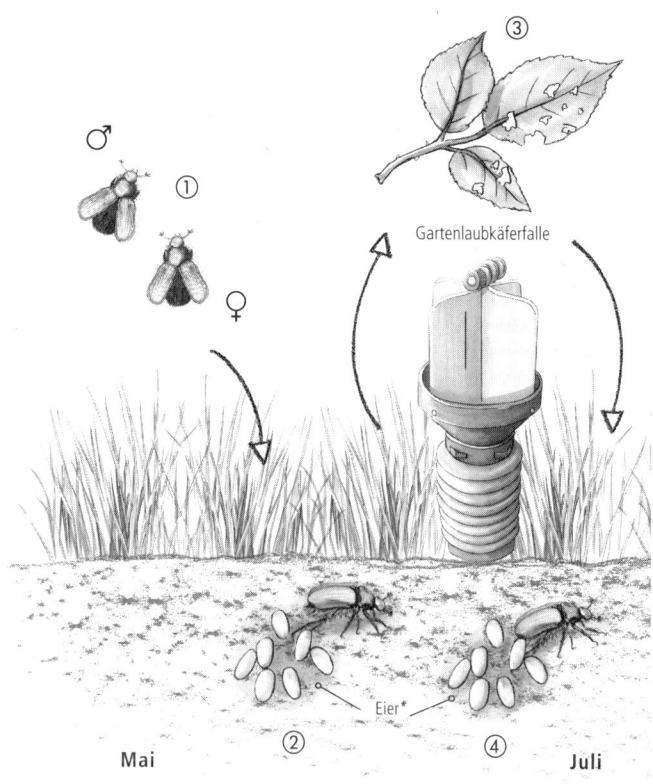

Sobald die weiblichen Gartenlaubkäfer im Mai geschlüpft sind, paaren sie sich mit den männlichen Käfern (1). Für die erste Eiablage kriecht das Weibchen gleich wieder in den Boden zurück (2), erst danach stärkt es sich an Pflanzenblättern und Blüten (3). Eine Woche später legt es die restlichen Eier ab (4). Mit der Gartenlaubkäferfalle lässt sich der Befall ermitteln. (* Eier vergrößert dargestellt.)

Ein Büffet zur Stärkung

Nach der anstrengenden ersten Eiablage fliegen die Weibchen erst einmal zum nächsten »Baumrestaurant«. Dort sind sie erstaunlicherweise wenig wählerisch. Sie stärken sich an Blättern, Knospen und Blüten verschiedener Laubbäume und Sträucher (3). Eine Woche nach der ersten Eiablage legt das Weibchen den zweiten Schwung Eier ab (4). Dabei kann es sogar Strecken bis vier Kilometer zurücklegen. Bevorzugt werden sandige Böden in trockener, sonniger Lage, wenn möglich mit Laubbäumen und Sträuchern in der näheren Umgebung.

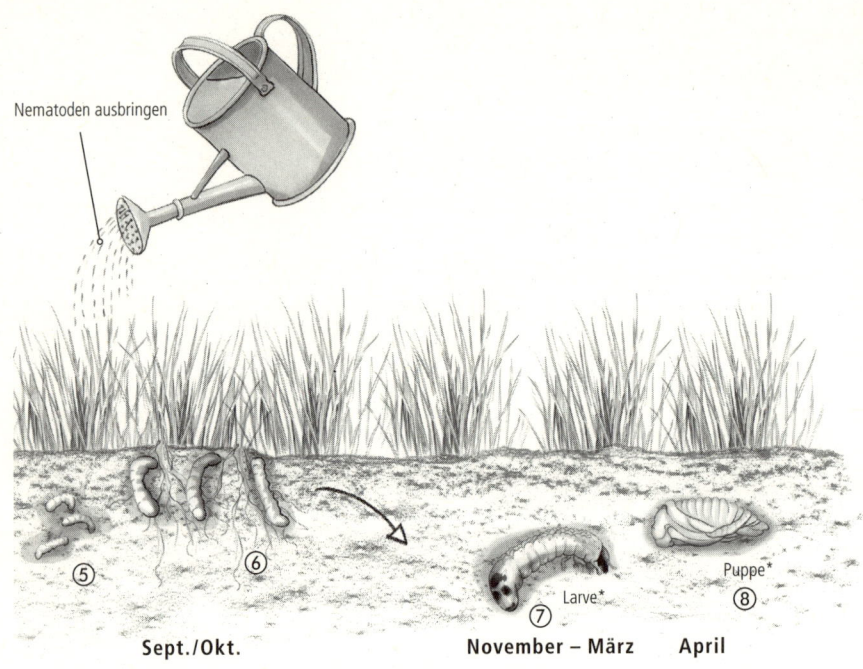

Die jungen Larven (5) sind weniger gefräßig als die älteren Larven (6). Im Winter ziehen sich die Larven bis zu 40 Zentimeter tief in den Boden zurück (7), um sich im April zu verpuppen (8). Mit Nematoden lässt sich gezielt gegen die Larven vorgehen. (*Larve und Puppe vergrößert dargestellt.)

Hungrige Engerlinge

Drei Wochen nach der Eiablage schlüpfen die Larven (5). Sie werden als Engerlinge bezeichnet wie übrigens alle Larven der Blatthornkäfer, zu denen auch Maikäfer, Rosenkäfer und Nashornkäfer gehören. Typisch für die Engerlinge ist, dass sie gelblich bis weiß gefärbt sind und dicke, gekrümmte Körper haben. Die Larve des Gartenlaubkäfers ist etwa 30 Millimeter lang, milchig weiß mit braun gefärbter Kopfkapsel und sechs Beinen. Im Vergleich dazu sind die ausgewachsenen Engerlinge des Rosenkäfers bis 50 Millimeter und die des Feld-Maikäfers bis 65 Millimeter lang. Die Entwicklung von der Larve zum Käfer kann bis zu zwei Jahre dauern. Die jungen Larven sind noch relativ harmlos. Die späteren Larvenstadien können dagegen großen Schaden an den Gräserwurzeln anrichten (6). Die angenagten Wurzeln können kaum noch Wasser aufnehmen, sodass die Gräser vertrocknen und braun werden. Die Larven des letzten Stadiums leben direkt unter der Grasnarbe. Für Vögel, Maulwürfe, Dachse und Wildschweine sind sie eine leicht zu erreichende, zudem proteinreiche Kost. Sehr zum Leidwesen der Gärtner, deren in Mitleidenschaft gezogener Rasen bei der Futtersuche auch noch durchwühlt wird. Diejenigen Larven, die nicht verspeist wurden, arbeiten sich etwa Mitte Oktober bis zu 40 Zentimeter tief in den Boden (7). Dort überwintern sie gut geschützt, um sich im April zu verpuppen (8) und im Mai zu schlüpfen.

Maikäfer oder Gartenlaubkäfer?

Gesichtet werden die schwirrenden Gartenlaubkäfer oft in der Mittagszeit, wenn es schön warm und sonnig ist. Die äußerlich ähnlichen Maikäfer sind dagegen in der Dämmerung aktiv. Die Gartenlaubkäfer sind mit acht bis 12 Millimeter Körpergröße um einiges kleiner als die bis 30 Millimeter großen Maikäfer. Die Flügeldecken der Gartenlaubkäfer sind braun und leicht behaart, der Halsschild zwischen Kopf und Hinterleib glänzt metallisch grün.

Engerling oder Wiesenschnake?

Braune Stellen im Rasen gehen nicht nur auf das Konto des Gartenlaubkäfers. Auch die Larven der Wiesenschnaken ernähren sich von Graswurzeln. Beide sind leicht zu unterscheiden: Die Wiesenschnakenlarven sind grau gefärbt und haben keine Beine. Sie treten im April / Mai und im September / Oktober auf. Die Larve des Gartenlaubkäfers ist dagegen weißlich, hat eine braune Kopfkapsel und sechs Beine. Ihre Hauptaktivität liegt in den Sommermonaten von Juli bis Oktober.

Wie funktioniert die Gartenlaubkäferfalle?

Bei den Apfelwicklern sind es die Sexualpheromone, welche die Männchen verführen. Die Gartenlaubkäfer lockt dagegen ein Duft in die Falle, der ihr Lieblingsfutter – Blätter – imitiert. Die Weibchen stehen auf eine Mischung aus Rose, Gewürznelke und Geranie. Die Männchen, immer auf der Suche nach dem weiblichen Geschlecht, trickst man mit einem Duftstoff aus, der wie ein Weibchen riecht, das gerade genüsslich beim Festschmaus sitzt.

Die Gartenlaubkäferfalle besteht aus einer Fangflasche, einem Trichter, in dem sich beide Lockstoffe in auswechselbaren Kapseln verbergen, und vier gelben Fächern, welche die Käfer zur Trichteröffnung locken. Die gelbe Farbe in Kombination mit den Lockstoffen macht die Falle noch attraktiver für die Käfer. Die Lockstoffe werden vier bis sechs Wochen lang durch eine durchlässige Membran abgegeben. Für andere Insekten ist die Falle nicht gefährlich.

Wie gut funktioniert es?

Die Fallen wurden speziell für die erwachsenen Gartenlaubkäfer entwickelt. Ihre Larven und andere Blatthornkäferarten bleiben unbehelligt. Die Weibchen der Gartenlaubkäfer werden sofort nach dem Schlupf begattet und legen gleich darauf die ersten Eier ab. Erst anschließend begeben sie sich auf Futtersuche. In diesem Moment beginnen die Lockstofffallen zu wirken. Die erste Eiablage kann nicht verhindert werden, dafür aber die zweite etwa eine Woche später. Die Männchen werden jederzeit von den Fallen angelockt, auch vor der Begattung.

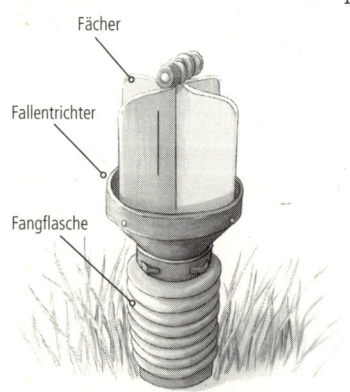

Mehrere Jahre hintereinander angewendet, können die Lockstofffallen die Käferpopulation zwar verringern, aber nie vollständig beseitigen. Sie dienen in erster Linie zur Befallsermittlung, woraufhin die Larven im Boden gezielt bekämpft werden können, zum Beispiel mit nützlichen Nematoden.

Die gelben Fächer der Gartenlaubkäferfalle verstärken die Wirkung des Lockstoffs. Dieser besteht aus einem künstlich hergestellten Gemisch natürlicher Pflanzenduftstoffe. Tragen Sie Handschuhe beim Umgang mit der Falle und bewahren Sie den Lockstoff sicher vor Kindern und Haustieren auf.

Einsatzbereit?

Die Lockstofffallen werden während der Flugzeit der Gartenlaubkäfer von Mai bis Juli auf dem Rasen aufgestellt oder einige Meter von den betroffenen Bäumen und Sträuchern entfernt in etwa einem Meter Höhe aufgehängt. Das lockt die Käfer von den Bäumen weg. Die Fallen werden zweimal in der Woche kontrolliert und entleert. Eine Falle reicht für eine Fläche von 100 Quadratmetern. Der Wirkstoff bleibt vier bis sechs Wochen aktiv.

Tipp Die toten Käfer können kompostiert werden. Leere Lockstoffkapseln im Hausmüll entsorgen. Die Trichterfallen halten mehrere Jahre, wenn sie frostfrei gelagert werden.

Was kann man noch tun?

Rasenpflege

Vermeiden Sie eine lückige Rasennarbe. Gartenlaubkäfer-Weibchen werden offensichtlich von der höheren Temperaturabstrahlung an diesen Stellen angelockt. Wässern Sie dort gezielt während des Käferfluges von Mai bis Juli. So wird die Stelle gekühlt und ist für die Weibchen nicht mehr attraktiv. Bedarfsgerechte Düngung und angepasstes Mähen erhalten eine dichte Rasennarbe. Mähen Sie den Rasen während der Flugzeit aber nicht zu kurz. Stellen Sie den Mähbalken höher ein. Das höhere Gras soll die Eiablage ebenfalls verhindern.

Nützliche Nematoden

Ab Mitte Juli, wenn die jungen Larven schlüpfen, können Nematoden der Art *Heterorhabditis bacteriophora* auf betroffenen Rasenflächen ausgebracht werden. Der Rasen sollte danach etwa zwei Wochen lang gut feucht gehalten werden, damit sich die Nematoden auf einem Wasserfilm zu den Gartenlaubkäfer-Larven bewegen können. Die Nematoden dringen durch Körperöffnungen in die Larven ein und geben ein Bakterium frei. Nach etwa drei Tagen stirbt die Larve ab.

Engerlinge im Kompost

Beim Umschichten des Komposthaufens holt man auch schon mal Engerlinge ans Tageslicht, die mit imposanten Längen von bis zu fünf Zentimetern beeindrucken. Zugegeben, ein wenig schaudert man schon beim Anblick der dicken weißen Larven. Dabei muss man das gar nicht. Engerlinge, die man im Kompost findet, sind die Nachkommen des Rosenkäfers *(Cetonia aurata)*. Manchmal findet man auch die Larven der Nashornkäfer *(Oryctes nasicornis)*, die bis zu 12 (!) Zentimeter lang werden können. Beide bauen organische Substanz ab. Sie sind nützlich und sollten vorsichtig in den umgeschichteten Komposthaufen umgebettet werden.

Gartenlaubkäfer und Maikäfer legen ihre Eier niemals in Kompost ab. Dort würden ihre Larven keine Nahrung finden.

☑ Checkliste Gartenlaubkäferfalle

Die Falle lockt männliche und weibliche Gartenlaubkäfer an, die Weibchen aber erst nach der ersten Eiablage. Sie dient in erster Linie der Prognose. Ein Teil der Käfer wird auch abgefangen und die Population damit reduziert.

▷ Lockstofffallen von Mai bis Juli auf dem Rasen aufstellen oder einige Meter entfernt von Bäumen und Sträuchern aufhängen.

▷ Regelmäßig kontrollieren und entleeren.

▷ Bei starkem Käferaufkommen ab Mitte Juli nützliche Nematoden gegen die Larven einsetzen.

Flink zugeschnappt

Wühlmausfallen

Die Wühlmaus ist gleich nach den Nacktschnecken der wohl am wenigsten gern gesehene Gast in unseren Gärten. Dort, wo sie auftaucht, gehen Obstbäume ein, werden Beete untergraben. Ihr bevorzugtes Futter sind saftige Wurzeln, Knollen und Blumenzwiebeln. Im Winter, wenn das Futter knapp wird, nagen die Wühlmäuse mit ihren vorstehenden Zähnen an den Wurzeln und Wurzelhälsen von Bäumen und Sträuchern. Um die Wühlmaus loszuwerden, braucht es etwas Fingerspitzengefühl und ein paar Fallen. Denn Wühlmausfallen sind nach wie vor die beste Methode, den Nagern den Garaus zu machen, und die umweltfreundlichste.

Eine Maus mit vielen Namen

Wer eine Wühlmaus bei sich beherbergt, hat insgeheim bestimmt ein eigenes Repertoire an Schimpfnamen für dieses scheue Tier. Je nach Region nennt man die Wühlmaus anders. Hier eine kleine Auswahl: Schermaus, Hamsterratte, Erdmaus, Wassermaus und eben Wühlmaus.

Die Wühlmaus kann leicht mit einer Feldmaus verwechselt werden – wichtigstes Unterscheidungsmerkmal sind die Ohren, die bei einer Feldmaus größer und weniger stark im Fell verborgen sind als bei einer Wühlmaus.

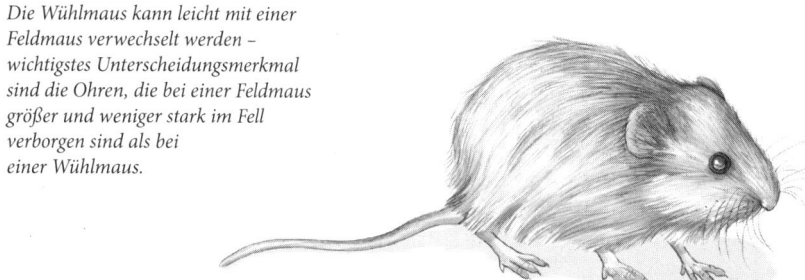

Die Wühlmaus, die unsere Gärten am häufigsten aufsucht, ist die Große Wühlmaus oder Schermaus, zoologisch *Arvicola terrestris*. Sie gehört zur Gattung der Schermäuse. Erdmaus *(Microtus agrestis)* und Feldmaus *(Microtus arvalis)* sind nahe Verwandte und nicht minder aus auf pflanzliche Kost. Sie gehören zur Gattung der Echten Wühlmäuse, *Microtus*.

Das Fell der Großen Wühlmaus kann sehr unterschiedlich gefärbt sein: von Dunkelbraun über Schwarzbraun und Grau bis Graubraun. Wichtigstes Unterscheidungsmerkmal zur Feldmaus sind daher Körpergröße und Schwanzlänge. Die Wühlmaus ist zwischen 12 und 23 Zentimeter lang, inklusive des langen Schwanzes, der etwa halb so lang wie der Körper ist. Die Feldmäuse sind mit 10 bis 12 Zentimetern wesentlich kleiner und haben nur kurze Schwänze.

Frühlingsgefühle

Wühlmäuse sind absolute Einzelgänger. Ihre manchmal recht großen Reviere teilen sie mit keinem anderen ihrer Art. Nur zu bestimmten Zeiten im Jahr suchen sie die Gesellschaft des anderen Geschlechts. Dann beginnt die Paarungszeit, eine von vier im Jahr. Im Frühjahr, gegen Ende März, geht es los. Dann kann man die sonst recht scheuen Tiere auch über der Erde sehen. Die Frühlingsgefühle machen sie unvorsichtig. Gleich nach der Paarung gehen Mann und Frau wieder getrennte Wege. Das Weibchen bringt etwa 20 Tage später in seiner Nesthöhle drei bis sechs Junge zur Welt. Diese werden 14 Tage lang liebevoll gesäugt und beschützt. Danach sind sie bereits selbstständig und verlassen weitere sieben Tage später das Revier ihrer Mutter. Sie müssen sich eigene Reviere suchen. Die Jungen dieses ersten Wurfs werden oft noch im gleichen Jahr geschlechtsreif. Unmittelbar nach der Geburt sind die Weibchen schon wieder begattungsbereit. Wühlmäuse werden etwa zwei Jahre alt.

Futterquellen

Eine ausgewachsene Wühlmaus wiegt 60 bis 180 Gramm. Täglich nimmt sie 60 bis 100 Gramm frische, wasserreiche Nahrung zu sich. Und sie sammelt noch etwas mehr, um auch die Vorratskammern für den Winter zu füllen. Im Sommer ernähren sich Wühlmäuse hauptsächlich von Gräsern und Wildkräutern wie Klee, Lupinen und Löwenzahn. Hierbei richten sie in der Regel keinen allzu großen Schaden an – es sei denn, die Rasennarbe wird durch das Anlegen ihrer Gänge und Höhlen unterminiert und zerstört.

Wurzeln wie angespitzt

Im Winter nagen Wühlmäuse unterirdisch an den Wurzeln von Laubbäumen, Nadelbäumen, Ziersträuchern und Rasen, besonders gefährdet sind junge Obstbäume. Die Schäden fallen oft erst im Frühjahr auf, wenn die Bäume zwar noch blühen, die Blätter aber nicht mehr durchtreiben. Junge oder stark angenagte ältere Bäume lassen sich dann mühelos aus dem Boden ziehen. An den Wurzeln sind deutlich die paarigen Nagerspuren zu sehen. Manchmal sieht die Hauptwurzel gar aus, als wäre sie angespitzt. Ältere oder nur leicht angenagte Bäume überstehen die Attacke meist. Doch nur für kurze Zeit, denn durch den Verlust eines Teils der Wurzeln ist die Wasserversorgung gestört und die Bäume werden anfällig für verschiedene Schädlinge und Krankheiten.

Wühlmäuse sind Nagetiere, ihre Nagezähne wachsen ständig weiter. Darum nagen sie nicht nur zur Nahrungsaufnahme an den holzigen Wurzeln, sondern auch, um ihre Zähne zu kürzen und zu schärfen.

Saftige Knollen und Zwiebeln

Wühlmäuse mögen saftiges Futter. Deshalb stehen unter anderem folgende Pflanzen auf dem Speiseplan der umtriebigen Nager: Blumenzwiebeln, hier besonders Tulpenzwiebeln, Möhren, Sellerie, Petersilie, Kartoffelknollen, Schwarzwurzeln, Zichoriensalate, wie Chicorée, und Topinambur. Aber auch Porree, verschiedene Kohlarten, Salat, Sonnenblumen, Erdbeerpflanzen und Fallobst werden verspeist. Stauden mit saftigen Rhizomen wie Iris sind ebenfalls begehrt.

> **Tipp** Die Vorliebe für saftige Knollen können Sie ausnutzen: Bestücken Sie Köderfallen mit Topinamburstücken, Löwenzahnwurzelstücken oder Möhrenstücken.

Wühlmaus im Garten?

Junge Obstbäume schwächeln plötzlich, treiben im Frühjahr nicht so recht aus? Die im Herbst gesetzten Tulpenzwiebeln scheinen dezimiert und die Möhren sitzen viel zu locker im Beet? All das geht meist auf das Konto der Wühlmaus. Flache Erdhaufen und auffällige Nagespuren an den kränkelnden Pflanzen sind weitere Indizien dafür, dass sich eine oder mehrere Wühlmäuse im Garten eingerichtet haben.

Unterirdische Baumeister

Wühlmäuse höhlen mit ihren Schneidezähnen und Vorderbeinen Gänge in fünf bis 30 Zentimeter Tiefe aus. Die deutlich hochovalen Gänge sind etwa 5 Zentimeter breit und 5,5 bis 9 Zentimeter hoch. Sie sind fest, glatt und frei von Pflanzenwurzeln oder anderen Pflanzenteilen, es sei denn, es wurde frisches Material eingeschleppt. Flach unter der Erdoberfläche liegende Gänge sind sogar an der Oberfläche zu erkennen, da sich der Boden dort leicht aufwölbt. Ab und an, besonders im Herbst, schieben die Wühlmäuse die Erde seitlich am Gang nach oben und werfen sie zu einem flachen Haufen auf.

Ein einziges Gangsystem kann bis zu 80 Meter lang sein und eine Ausdehnung von 25 Metern haben. Die Gänge benachbarter Wühlmäuse kreuzen sich nicht. Zu jedem Wühlmausbau gehören zwei Nester. Diese werden in einer Tiefe von 20 bis 40 Zentimetern angelegt, bevorzugt im Wurzelsystem von Bäumen und Sträuchern. Im Herbst und Winter legt die Wühlmaus in der Nähe der Nester Vorratskammern an, die noch tiefer liegen können. Dort werden Wurzelstücke gelagert. Wühlmäuse bauen ihre Gänge ständig um, erweitern sie und verstopfen alte, ungenutzte Gänge. Hier liegt ihr wunder Punkt, an dem man sie packen kann.

Flache Haufen

Wühlmäuse schütten Erde aus ihrem Gangsystem seitlich vom Gang auf der Erdoberfläche auf. Die Haufen sind flacher als Maulwurfshaufen, länglich und oft nur faustgroß. Ohne direkten Vergleich mit einem echten Maulwurfshaufen ist es oft schwierig, sie richtig einzuordnen. Wichtigster Hinweis darauf, dass eine Wühlmaus die Erde aufgeworfen hat, sind die Grasreste und Wurzelreste, mit denen die Erde gespickt ist. Ein Maulwurfshaufen besteht dagegen nur aus Erde.

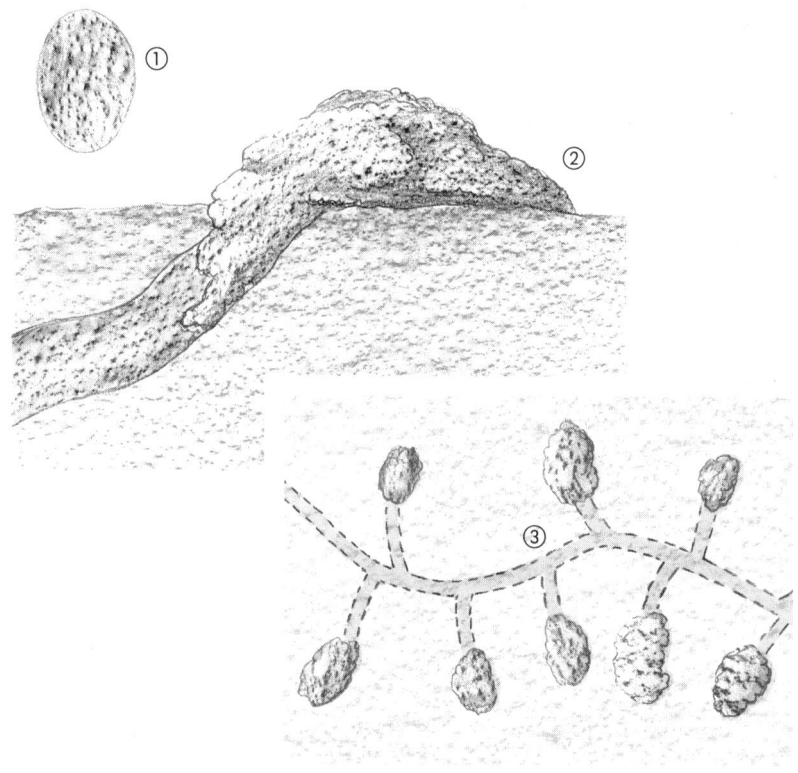

Typisch für das Gangsystem einer Wühlmaus sind der hochovale Querschnitt des Gangs (1), die Lage der ausgeworfenen Erdhaufen neben den Gängen (2) – die Gangöffnungen befindet sich nicht unter der Mitte der Haufen wie bei einem Maulwurfshügel, sondern daneben – und ein Gangnetz mit unregelmäßig verteilten und verschieden geformten Erdhaufen (3).

Oder doch ein Maulwurf?

Auch Maulwürfe gehören nicht immer zu des Gärtners Lieblingen. Dabei schädigen sie Pflanzen nicht wie Wühlmäuse. Im Gegenteil, Maulwürfe sind sehr nützlich, fressen sie doch Insekten, Würmer und Schnecken. Was die Tiere in ein schlechtes Licht rückt, sind ihre Haufen, besonders diejenigen auf gepflegtem Rasengrün. Maulwurfshaufen sind im Gegensatz zu den Wühlmaushaufen auffällig halbkugelig geformt und bestehen nur aus Erde. Einzelne Haufen sind meist kettenartig in einer Reihe aufgeworfen, entlang der Maulwurfsgänge. Die Maulwurfshaufen erscheinen zu jeder Jahreszeit, die der Wühlmäuse eher im Herbst.

Bevor Sie nun vermeintliche Wühlmäuse jagen, sollten Sie genau überprüfen, ob es sich in Ihrem Garten tatsächlich um eine Wühlmaus handelt. Dafür trägt man die Erdhaufen ab und legt die Gangöffnung frei. Liegt die Öffnung direkt unter der Mitte des Haufens, hat dort ein Maulwurf gebaut. Seine Gänge sind rund bis queroval und gehen vom Haufen aus senkrecht in den Boden. Liegt der Gang dagegen seitlich neben dem Haufen und geht schräg nach unten, war eine Wühlmaus am Werk.

Wichtig: Maulwürfe stehen unter dem Schutz der Bundesartenschutzverordnung. Sie dürfen weder gejagt, verletzt noch getötet werden. Darum sollte vor dem Einbau einer Falle immer eine Verwühlprobe gemacht werden (siehe Seite 82). Wühlmäuse verschließen geöffnete Gänge schnell wieder sehr fest, Maulwürfe lassen sich dagegen Zeit und schütten ihre Gänge nur locker zu.

Wie funktionieren Wühlmausfallen?

Wühlmäuse laufen mehrmals täglich ihre Gänge ab. Sie reagieren sehr empfindlich auf Störungen jeder Art. Wird ein Gang beschädigt oder geöffnet, ist die Wühlmaus kurze Zeit darauf an dieser Stelle und repariert den Gang. Dieses Verhalten nutzen wir mit dem Stellen von Fallen aus. Dabei werden die Fallen in einen benutzten Gang gebracht und scharfgestellt. Wichtig ist, dass der Gang nicht allzu sorgfältig verschlossen wird. Ein wenig Zugluft und Licht führen die Wühlmaus in den schadhaften Gang, wo sie in die Falle geht. Die Maus wird vom Schlagbügel oder den Zangenschenkeln am Genick oder über dem Brustkorb erfasst und schnell getötet. Es kann aber auch vorkommen, dass sie bei nicht sachgerechter Aufstellung schwer verletzt wird. Dann sollte sie getötet werden, damit sie nicht langsam und qualvoll stirbt. Die meisten Fallen reagieren auf Druck und lösen leicht aus. Sie müssen nicht beködert werden. Andere wie die Zangenfalle oder die Kastenfalle lösen nur schwer aus. Sie sollten beködert werden, um die Wühlmaus bis zum Auslöser zu locken. Gern angenommene Köder sind Stücke von Möhren, Topinambur, Knollensellerie und Löwenzahnwurzel.

 **Tipp** Die Beköderung funktioniert besonders gut im Winter, wenn das Nahrungsangebot knapp ist.

Fallentypen

Die verschiedenen Modelle der Wühlmausfallen unterscheiden sich in ihrer Handhabung und ihrem Fangerfolg. Bewährt haben sich verschiedene Drahtfallen und die Kastenfalle. Relativ neu auf dem Markt und sehr effektiv ist die Schweizer »Topcat«-Falle.

Drahtfallen

Die bewährten Bayerischen und Badischen Drahtfallen sind die preiswertesten auf dem Markt. Bei der Bayerischen Drahtfalle werden die Stahlarme zum Scharfstellen kräftig zusammengedrückt und festgehalten, während das Auslöseblättchen nach vorn geschoben wird, um die gespannten Arme zu fixieren. Das braucht einige Übung. Die Badische Drahtfalle ist einfacher zu spannen. Die Fangarme gehen beim Zusammendrücken scherenartig auseinander. Der Auslösering wird dazwischengeklemmt.

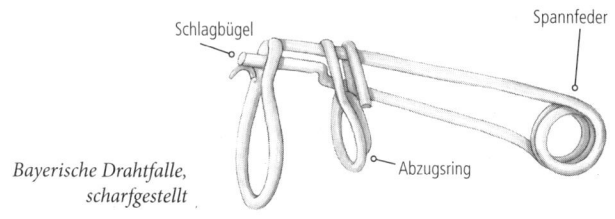

Schlagbügel · Spannfeder · Abzugsring

Bayerische Drahtfalle, scharfgestellt

▷ **Vorteile:** Der Abzugsring ist zu groß für Maulwurfsgänge, sodass Maulwürfe nicht gefährdet werden. Die Fallen können nicht von Wühlmäusen verschleppt werden.

▷ **Nachteil:** Für Anfänger ist es schwierig, die Bayerische Drahtfalle ohne Blessuren scharfzustellen.

Zangenfallen

Zangenfallen werden zum Scharfstellen an den Griffen zusammengedrückt. Zwischen die Greifarme oder Zangenschenkel wird das Auslöseblättchen geklemmt. Die Fallen können von beiden Gangseiten her fangen. Die Fallen sind »fängiger«, wenn sie beködert werden. Die Bayerische Zangenfalle wird von oben in den Gang gestellt. Die Wolf'sche Zangenfalle schiebt man dagegen etwa 16 Zentimeter tief in den Gang hinein.

▷ **Vorteile:** Zangenfallen sind relativ einfach zu stellen und von beiden Gangseiten »fängig«.

▷ **Nachteile:** Die Bayerische Zangenfalle kann die Wühlmaus am Hinterleib erfassen, sodass sie noch einige Zeit lebend in der Falle hängen kann. Auch Maulwürfe sind durch diesen Fallentyp gefährdet.

Kastenfalle

Kastenfallen bestehen aus einem Kasten aus Kunststoff, in dem sich ein federgespannter Schlagbügel befindet, der an einem Auslösehaken eingerastet wird. Um den Schlagbügel auszulösen, muss kräftig am Auslöser gezogen werden. Die Wühlmaus wird darum mit einem Köder bis zum Auslöser gelockt. Die Falle wird an eine Gangöffnung gestellt, ist aber auch an Gangbiegungen und Kreuzungen einsetzbar.

▷ **Vorteile:** Kastenfallen sind gut für Anfänger geeignet, sie lassen sich leicht spannen. Maulwürfe werden nicht gefangen.

▷ **Nachteil:** Ähnliche Kastenfallen aus Holz oder Metall fangen nicht so gut.

Topcat und Supercat

Die beiden in der Schweiz entwickelten Fallentypen »Topcat« und »Supercat« sind sehr effektiv, aber auch teuer. Die »Topcat«-Falle ist aus

Edelstahl, die preiswertere »Supercat«-Falle aus Kunststoff. Mit dem dazugehörigen Suchstab wird der Wühlmausgang aufgespürt und mit einem Lochschneider ein passendes Loch für die Falle in den Boden geschnitten. Die Fallen werden senkrecht von oben in den Gang gestellt und die Öffnung nach dem Gangverlauf ausgerichtet. Sie lassen sich mit einem Spannhebel einfach scharfstellen.

▷ **Vorteile:** Die Handhabung der beiden Fallen ist auch für Anfänger sehr einfach. Ob die Falle ausgelöst hat, kann man von weitem am Spannhebel erkennen. »Topcat« ist von beiden Gangseiten »fängig«.

▷ **Nachteil:** Diese beiden Fallen sind im Vergleich zu den anderen vorgestellten Fallentypen samt Suchstab und Lochschneider sehr teuer.

Röhrenfalle oder Lebendfalle

Mit Röhrenfallen fängt man Wühlmäuse lebend. Die Tiere werden mit Ködern in die Fallen gelockt. Einmal in der Falle, können die Wühlmäuse durch die einseitigen Verschlussklappen nicht mehr fliehen. Es gibt verschiedene Modelle, zum Teil auch zerlegbar zum leichteren Entnehmen der Tiere. Die Fallen müssen in sehr kurzen Abständen kontrolliert und entleert werden, da die Tiere sonst qualvoll aus Angst oder Stress sterben.

▷ **Vorteil:** Diese Fallen haben den Vorteil, dass die Tiere nicht in der Falle getötet werden.

▷ **Nachteil:** Wird die Lebendfalle geleert, bleibt das Problem: Entweder töten Sie die Tiere von Hand, was nicht jedermanns Sache ist, oder Sie setzen sie im Wald aus. Doch damit verlagern Sie das Wühlmausproblem nur.

Kippbügelfalle

Die Kippbügelfalle ähnelt im Aussehen und in der Anwendung der Bayerischen Drahtfalle, ist aber einfacher zu stellen. Die starke Feder löst leicht aus, muss aber auch regelmäßig mit Paraffinöl gepflegt werden.

▷ **Vorteil:** Die Kippbügelfalle ist leicht zu handhaben.

▷ **Nachteil:** In diese Falle können auch Maulwürfe gehen und getötet werden.

Wie gut funktioniert es?

Wühlmausfallen sind einfach anzuwenden und mit etwas Übung schnell scharfgestellt. Sie sind nach wie vor die beste, preiswerteste und umweltfreundlichste Methode, Wühlmäuse zu bekämpfen. Fallen haben im Vergleich zu Giftködern den Vorteil, dass Sie den Fangerfolg sehr schnell sehen, meist schon nach wenigen Stunden, spätestens aber am nächsten Morgen. Wühlmäuse sind aber auch sehr schlau und lassen sich nicht immer so leicht austricksen. Hier ist Geduld gefragt.

Tipp Wichtig ist, auch vorbeugend etwas zu tun, am besten gemeinsam mit den Nachbarn. So kommen Sie einer Zuwanderung aus Nachbargrundstücken zuvor.

Einsatzbereit?

Verwühlprobe

Bevor eine Falle gestellt werden kann, muss man einen benutzten Wühlmausgang finden. Gänge lassen sich an den flachen Erdhaufen, die neben den Gängen aufgeschüttet werden, und den Eingangslöchern erkennen, manchmal auch an wellenförmigen, leicht angehobenen Linien auf der Erdoberfläche. In verdächtige Stellen wird mit einem dünnen Stock hineingestochen. Gibt die Erde nach, haben Sie einen Gang gefunden. Im nächsten Schritt wird geprüft, ob es sich tatsächlich um einen Wühlmausgang handelt oder ob dort ein Maulwurf lebt. Für die sogenannte Verwühlprobe wird der Gang an mehreren Stellen 20 bis 30 Zentimeter weit aufgegraben. Vergessen Sie nicht, die Stellen mit einem Stab zu markieren! Werden die Öffnungen innerhalb weniger Stunden wieder fest mit Erde verschlossen, wird der Gang noch von einer Wühlmaus benutzt. Ein Maulwurf würde den Gang erst nach einigen Tagen und dann nur sehr locker verschließen.

Falle stellen

Wühlmäuse sind misstrauisch. Damit die Wühlmausfalle auch »fängig« ist und nicht verwühlt wird, sollten Fangring, Fangbügel oder Zangen dicht an der Gangwand anliegen. Dafür wird die nicht scharfgestellte Falle in den Gang geschoben und der Gang so weit geöffnet, dass die Falle dicht an den Gangwänden anliegt. Dann wird die Falle wieder herausgezogen und der Gang von loser Erde gesäubert. Eine Köderfalle wird mit dem Köder bestückt. Nun wird die Falle gespannt, damit sie bei der kleinsten Berührung auslöst. Abzugshebel oder Auslöseplättchen dürfen sich höchstens einen Zentimeter über dem Gangboden befinden. Schieben Sie die scharfgestellte Falle so weit in den Gang hinein, dass sie fast komplett drin ist. Die Gangöffnung wird locker abgedeckt, zum Beispiel mit einem Dachziegel, einem Brett oder umgedrehten Grassoden. Denken Sie daran, den Standort der Falle mit einem Stab zu markieren. Kontrollieren Sie die Falle alle zwei Stunden, aber mindestens einmal am Tag und leeren Sie sie. Benutzen Sie dazu Handschuhe! Wühlmäuse können die gefährliche Nagerpest übertragen.

Probleme beim Fallenstellen

▶ Neue Fallen sind nicht »fängig«. Setzen Sie die Falle einige Tage der Witterung aus, reiben Sie sie mit Erde oder mit dem Köder ab.

▶ Wird die Falle vorzeitig ausgelöst, lag lockere Erde im Gang. Ziehen Sie die Falle heraus, säubern Sie den Gang von Erde und stellen Sie die Falle erneut scharf. Auch in lockerem Boden kann die Falle vorzeitig auslösen. Stellen Sie die Falle dann an einer anderen Stelle auf.

▶ Wird die Falle verwühlt, ist der Boden an dieser Stelle zu locker. Stellen Sie die Falle an einer anderen Stelle des Baus auf und reiben Sie sie vorher mit einem Köder ab.

Was kann man noch tun?

Wühlmausverstecke

Mulch im Garten ist gut, er deckt den Boden ab und verhindert, dass die Erde zu schnell austrocknet. Aber er ist auch ein schönes Wühlmausversteck. Seien Sie deshalb in einem von Wühlmäusen bewohnten Umfeld mit dem Mulchen vorsichtig. Bringen Sie keine zu hohe Mulchschicht auf Beete auf und lassen Sie Baumscheiben ungemulcht.

Rasenflächen und Wiesenflächen sollten öfter gemäht werden. Lockern Sie Beete außerdem häufig mit einem Sauzahn. Das zerstört die Gänge und veranlasst die Wühlmaus vielleicht, den Rückzug aus diesem Gartenteil anzutreten.

Drahtkörbe

Drahtkörbe schützen Blumenzwiebeln und die Wurzeln von jungen Gehölzen. Sie bestehen aus Drahtgeflecht mit einer Maschenweite von 10 bis 12 Millimetern. Setzen Sie junge Gehölze vor dem Pflanzen in einen Drahtkorb. Der Korb sollte nicht zu eng sitzen und dem Wurzelballen genügend Platz zum Wachsen lassen. Führen Sie das Drahtgeflecht noch einige Zentimeter über dem Boden nach oben. Dabei sollte es eng am Stamm anliegen.

Wühlmausfeinde

Kleine Raubtiere und Raubvögel machen Jagd auf die Wühlmaus: Großes Wiesel (Hermelin), Mauswiesel, Zwergwiesel, Marder, Iltis, Dachs, Fuchs, Kreuzotter, Eule, Raben, Graureiher und Greifvögel wie Mäusebussard, Milan und Turmfalke. Diese Tiere haben große Reviere und es ist schwierig, sie im Garten oder in der näheren Umgebung anzusiedeln. In der Nähe von Feldern oder Obstplantagen sieht man manchmal Ansitzstangen, die von Greifvögeln angenommen werden. Auch Katzen und Hunde machen Jagd auf Wühlmäuse. Seien Sie darum vorsichtig mit Giftködern und bringen Sie sie nur verdeckt in den Gängen aus! Giftköder sind auch für andere Wirbeltiere und Vögel gefährlich. Vor allem dann, wenn diese die Köder direkt aufnehmen. Jagen und fressen Raubtiere und Raubvögel vergiftete Wühlmäuse, gelangt das Gift indirekt in ihre Körper. Bei wiederholter Aufnahme können sie daran sterben.

Barriere aus Drahtgitter

Wühlmäuse wandern oft von landwirtschaftlich genutzten Flächen oder offenem Gelände in einen Garten ein. In solch einem Fall können Sie zu dieser Seite hin einen Zaun aus verzinktem Drahtgitter aufstellen. Der Zaun wird etwa 20 Zentimeter tief eingegraben. Oben sollte er etwa 30 Zentimeter überstehen, wobei die obersten zehn Zentimeter im rechten Winkel nach außen gebogen werden. Kurze Holzpfosten, im Abstand von etwa drei Metern, stabilisieren den Zaun.

Giftköder

Giftköder gegen Wühlmäuse sind bei sorgfältiger Anwendung für andere Tiere ungefährlich. Sie wirken am besten, wenn sie ab dem Spätherbst bis zum zeitigen Frühjahr in die Gänge gebracht werden. Dann finden die Wühlmäuse nur wenig Nahrung und nehmen die Köder an, die in die Gänge gelegt werden. Im Biopflanzenschutz werden Cumarinderivate wie Warfarin eingesetzt. Sie hemmen die Blutgerinnung, müssen von der Wühlmaus aber mehrfach aufgenommen werden, bis sie tödlich wirken. Wichtig: Bewahren Sie Giftköder unzugänglich für Kinder und Haustiere auf und legen Sie sie niemals offen aus!

Da lachen die Wühlmäuse

In der Gartenliteratur und im Internet kursieren einige Hausmittel gegen Wühlmäuse, denen eine gute Wirkung nachgesagt wird. Das Julius Kühn-Institut (vormals Biologische Bundesanstalt) hat festgestellt, dass folgende Methoden nicht wirksam sind:

Abwehrpflanzen

Sogenannte Abwehrpflanzen, die um gefährdete Pflanzen oder gar um das gesamte Grundstück gesetzt werden, sollen Wühlmäuse fernhalten, tun es aber nicht: Dazu gehören unter anderem Kaiserkrone *(Fritillaria imperialis)*, Kreuzblättrige Wolfsmilch *(Euphorbia lathyris)*, Knoblauch *(Allium sativum)*, Hundszunge *(Cynoglossum)* und Freilandgloxinie *(Incarvillea)*.

Akustische Vertreibung

Von Schallwellen, Resonanzschwingungen, seismischen Schwingungen, Rückstoßschwingungen, Infraschallwellen und Ultraschallwellen lassen sich Wühlmäuse – und auch Maulwürfe – nicht vertreiben. Die Tiere gewöhnen sich schnell an die Geräusche.

Vergrämen mit Duftstoffen

Wühlmäuse sind zwar geruchsempfindlich, verschließen aber Gänge mit für sie unangenehmen Gerüchen einfach und graben einen neuen Gang. Zu den vergrämenden Stoffen gehören unter anderem Menschenhaare, Holunderjauche, Knoblauchbrühe, ätherische Öle und Parfüme. Das funktioniert übrigens auch bei Maulwürfen nur bedingt.

Überschwemmung

Was viele nicht wissen: Wühlmäuse können gut schwimmen und tauchen, sind also mitnichten wasserscheu. Werden ihre Gänge in der Natur beispielsweise durch übertretende Flüsse überschwemmt, flüchten sie in höher gelegene Gebiete. Flutet man die Gänge im Garten, hat diese Maßnahme darum nur begrenzt Erfolg: Die Wühlmaus flüchtet zwar, kommt aber bald zurück.

☑ Checkliste Wühlmausfalle

Das Fallenstellen ist nach wie vor die beste und einfachste Methode gegen Wühlmäuse im Garten. Ergreifen Sie zusätzlich auch vorbeugende Maßnahmen.

▷ Machen Sie die Verwühlprobe, bevor Sie Fallen aufstellen.

▷ Fassen Sie Fallen nur mit Handschuhen an. Verwitterte Fallen sind »fängiger« als neue, saubere Fallen.

▷ Kontrollieren Sie die Fallen alle zwei Stunden, aber mindestens einmal am Tag, leeren Sie die Fallen oder stellen Sie sie erneut scharf. Lebendfallen in noch kürzeren Abständen kontrollieren, sonst verenden die Tiere qualvoll.

▷ Wühlmäuse nur mit Handschuhen anfassen, da sie die gefährliche Nagerpest übertragen können.

Wir müssen draußen bleiben!

Schneckenzaun gegen Nacktschnecken

Löchriger Salat, abgefressene Dahlienstängel und dicke Nacktschnecken mitten auf dem Funkienblatt: Da gehen selbst dem friedlichsten Gärtner mörderische Gedanken durch den Kopf. So weit muss es aber gar nicht kommen, denn die scheinbar unaufhaltsamen Nacktschnecken, die selbst scharfe Rasierklingen überwinden können, machen Halt vor einem Zaun mit abgewinkelter Kante. In einem so abgesperrten Areal bleiben Ihre liebsten Pflanzen unbehelligt. Wissenswertes rund ums Schneckenleben und die fatale Anziehungskraft der Bierfalle können Sie ab Seite 51 lesen.

Keine Chance am Überhang – selbst die geschickteste Schnecke schafft es nicht über die nach außen gewinkelte Kante des Schneckenzauns. Die Pflanzen innerhalb der umzäunten Fläche bleiben verschont.

Wie funktionieren Schneckenzäune?

Schneckenzäune wirken nach einem genialen wie einfachen Prinzip: Die Oberkante eines Blechs endet im spitzen Winkel mit einem nach außen stehenden Falz. Dieser ist für Schnecken unüberwindbar. Schneckenzäune gibt es auch aus Kunststoff und Drahtgeflecht. Das Material ist für die Wirkung nicht entscheidend, aber für die Langlebigkeit eines Zauns. Die Luxusversion aus verzinktem Metall hält lange, ist aber auch teuer.

Mini-Schneckenzaun

Setzlinge und frisch ausgetriebene Stauden oder Dahlien können mit einem sogenannten Schneckenkragen vor Kahlfraß geschützt werden. Schneckenkragen bestehen aus Kunststoff und haben wie Schneckenzäune eine nach außen abgewinkelte Oberkante. Mit einem Dach können sie zu einem Mini-Treibhaus erweitert werden.

Mini-Schneckenzäune können Sie aus Plastikflaschen oder Wellpappe auch selbst basteln. Schneiden Sie bei Plastikflaschen Flaschenhals und Boden ab. Ziehen Sie über den Flaschenkorpus ein feines, luftdurchlässiges Gewebe, zum Beispiel ein Gemüseschutznetz oder Vlies. Bei Wellpappe schneiden Sie die Pappe in breite Streifen und knicken die Oberkante wie beim Schneckenzaun nach außen um. Formen Sie den Streifen zu einem Ring. Plastikring und Wellpappestreifen werden über die gefährdete Pflanze gestülpt und fest in den Boden gedrückt.

Wie gut funktioniert es?

Schnecken können zwar auch scharfe Rasierklingen überwinden, an spitzwinkligen Kanten scheitern sie allerdings. Der Wirkungsgrad ist sehr hoch, wenn das Sperrgebiet lückenlos abgeriegelt wird und sich keine Schnecken mehr darin befinden. Schneckenzäune sind nicht gerade preiswert. Ihre Anschaffung lohnt sich dort, wo kleine Flächen mit empfindlichen Kulturen wie Funkien, Dahlien und Salat geschützt werden sollen.

> **Tïpp** Setzen Sie die Schneckenzäune nicht um jedes Beet, sonst wird Ihr Garten schnell zu einem Hindernisparcours. Nicht nur für Sie, sondern auch für die Tiere in Ihrem Garten!

Einsatzbereit?

Setzen Sie die einzelnen Teile des Schneckenzauns lückenlos aneinander und drücken Sie sie fünf bis zehn Zentimeter in den Boden. Für Kanten und Kurven gibt es Verbinder. Die spitzwinkelige Kante zeigt nach außen. Damit keine Schnecken im eingezäunten Bereich eingesperrt werden – und sich im Schneckenparadies wähnen –, sollten vorher alle Schnecken und Schneckeneier abgesammelt werden. Dabei helfen Holzbretter, unter denen

Ein Schneckenkragen schützt Setzlinge und frisch ausgetriebene Stauden vor dem Kahlfraß. Solche Kragen können Sie auch selbst basteln.

sich die Schnecken verkriechen und dann leicht entfernt werden können. Erst wenn das Gelände schneckenfrei ist, werden Gemüse und Blumen gesät oder gepflanzt. Achten Sie darauf, dass sich keine Brücken aus Grashalmen oder Blättern bilden, die über die Barriere führen. Schnecken nehmen diese sofort an.

Schneckenzaun Marke Eigenbau

Schneckenzäune sind ziemlich teuer. Mit etwas Geschick können Sie aus verzinktem Blech oder stabilem Drahtgeflecht selbst einen Zaun bauen. Schneiden Sie das Material Ihrer Wahl in etwa 30 Zentimeter breite Streifen. Die Oberkante wird im spitzen Winkel nach außen gebogen. Drücken Sie die Zaunelemente fünf bis zehn Zentimeter tief in den Boden. Achten Sie darauf, dass sie sich an Schnittstellen großzügig überlappen und dass die Ecken lückenlos geschlossen sind.

Elektroschocks gegen Schnecken

Schnecken scheinen einen positiven Einfluss auf Bastler und Tüftler zu haben. Zu diesem Eindruck kommt man, wenn man das Internet nach Schneckenzäunen durchstöbert. So bin ich auch auf den »Elektrozaun« gestoßen. Hauptbestandteil sind zwei etwa sechs bis 15 Millimeter breite Kupferbänder und 1,5-Volt-Batterien. Die Kupferbänder werden in zwei Streifen im Abstand von etwa fünf Millimetern außen auf eine Rasenkante oder eine andere gerade Beeteinfassung geklebt. Der Elektro-Schneckenzaun wird lückenlos um das Beet gesetzt. Dann wird der Stromkreis geschlossen. Drei bis vier 1,5-Volt-Batterien, die in Reihe geschaltet werden, liefern den Strom.

Und was passiert bei Schneckenkontakt? Sobald die Schnecke ihre Kriechsohle mit dem wässrigen Schleim auf das Kupferband setzt, bekommt sie einen leichten Stromschlag, der sie zur Umkehr bewegt. Die Schnecken werden nicht getötet. Die anliegende Spannung ist für Mensch und Tier ungefährlich.

Was kann man noch tun?

Was Sie gegen die Schneckenflut außerdem unternehmen können und was gar nicht hilft, können Sie ausführlich ab Seite 58 lesen. Hier nur noch einmal eine kleine Liste.

▷ Absammeln ist die einfachste und preiswerteste Methode. Gehen Sie abends oder nach einem Regen auf Schneckenjagd. Dann ist der Erfolg am größten.

▷ Legen Sie um gefährdete Beete oder Pflanzen Barrieren aus trockenen Materialien. Das stoppt die Schnecken.

▷ Streichen Sie vergrämende Schneckenpaste auf Blumentöpfe und Beeteinfassungen.

▷ Verzichten Sie auf Studentenblumen und andere bei Schnecken sehr beliebte Pflanzen.

▷ Gestalten Sie Ihren Garten so, dass er Schnecken nicht mehr gefällt.

▷ Setzen Sie nützliche Nematoden der Art *Phasmarhabditis hermaphrodita* ein.

▷ Laufenten, Hühner, Igel und Co. haben Schnecken auf ihren Speiseplänen.

▷ Bio-Schneckenkorn mit dem Wirkstoff Eisen-III-Phosphat verdirbt Schnecken den Appetit.

▷ Bierfallen sind eine zweischneidige Sache. Sie locken Schnecken an, doch leider nicht nur die eigenen, sondern auch die aus Nachbars Garten.

☑ Checkliste Schneckenzaun

Schneckenzäune können nur kleinere Flächen vor Schnecken schützen, im übrigen Garten sollten Sie Schnecken daher weiterhin absammeln und möglichst schneckenfeindliche Bedingungen schaffen.

▷ Schneckenzaun lückenlos aufstellen, dabei darauf achten, dass innerhalb des eingezäunten Areals keine Schnecken oder Schneckeneier mehr sind.

▷ Halten Sie den Bereich rund um das eingezäunte Beet von Unkraut frei, damit sich keine Brücken aus Grashalmen oder Blättern bilden.

Kulturschutznetz gegen Gemüsefliegen

Oh je, da waren die Maden mal wieder schneller und haben Möhren und Radieschen zuerst für sich entdeckt. Schieben Sie dem einen Riegel vor, indem Sie feinmaschige Kulturschutznetze über die Beete legen. Das hält die Gemüsefliegen zuverlässig von Möhren, Radieschen und Co. fern. Die Netze bleiben von der Aussaat bis zur Ernte auf dem Beet liegen. Zugegeben, das verschönert den Gemüsegarten nicht gerade, dafür können Sie aber gesundes, madenfreies Gemüse ernten. Und die Netze halten nicht nur Möhrenfliege und Co. fern, sondern auch diverse andere geflügelte Schädlinge.

Gemüsefliegen und ihre Vorlieben

Die eine Gemüsefliege gibt es nicht: Man unterscheidet verschiedene Arten, die jeweils auf bestimmte Gemüsearten spezialisiert sind: Die wichtigsten sind Möhrenfliege, Zwiebelfliege, Kleine Kohlfliege und Lauchminierfliege. Ihre etwa einen Zentimeter langen und weißlich bis gelblich gefärbten Larven werden gemeinhin als Maden bezeichnet. Sie bohren ihre Gänge in Rüben, Wurzelhälse oder Blätter und schaffen Eintrittspforten für Pilze und Bakterien. Die erwachsenen Gemüsefliegen sind unscheinbar und sehen wie kleine, schlanke Stubenfliegen aus.

Fraßgänge im Gemüse, welke Blätter, kümmerlicher Wuchs – die Larven der Gemüsefliegen bohren sich in die Wurzeln oder Wurzelhälse verschiedener Gemüsepflanzen.

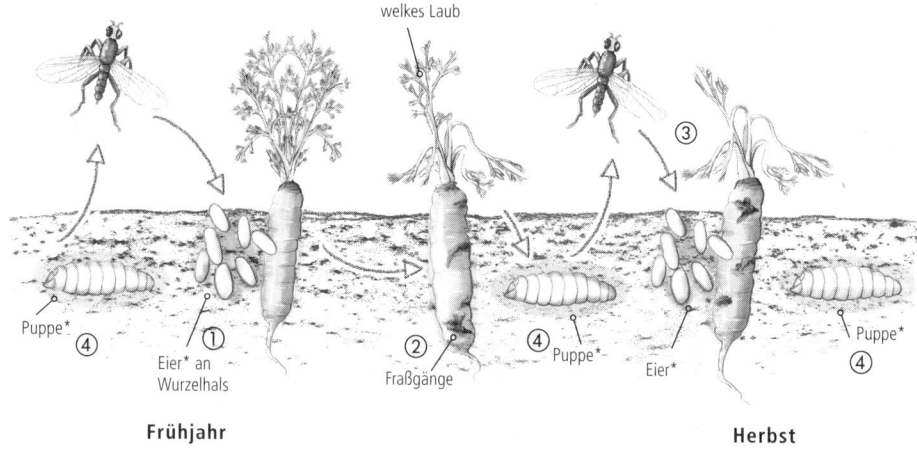

welkes Laub

Puppe* ④

Eier* an Wurzelhals ①

Fraßgänge ②

④ Puppe*

Eier* ④

Puppe* ④

Frühjahr

Herbst

Ab Mitte Mai legt die Möhrenfliege ihre Eier in der Nähe der Möhrenwurzel ab (1). Die geschlüpften Larven fressen an den Möhren. Rostbraune Fraßgänge und welkes Laub sind die Folgen (2). Nach vier bis sieben Wochen verpuppen sich die Maden. Ein Teil überwintert, der andere Teil schlüpft ab August als zweite Generation, deren Nachkommen an den fast erntereifen Möhren fressen (3). Die Tiere überwintern als Larven im Möhrenkörper oder als Puppen im Boden (4), um im folgenden Frühjahr zu schlüpfen und sich zu paaren. (Eier und Puppe vergrößert dargestellt.)*

Die Möhrenfliege

Die Möhrenfliege *(Psila rosea)* macht sich nicht nur an Möhren heran, sondern auch an Petersilie, Sellerie und Dill. Ab Mitte Mai legt die weibliche Fliege ihre bis zu 170 weißlichen Eier in Erdritzen in die Nähe der Wurzeln ab (1). Nach vier bis acht Tagen schlüpfen die Larven. Diese fressen zunächst an den Feinwurzeln, später bohren sie sich auch in den Möhrenkörper ein. Die Maden hinterlassen rostbraun verfärbte Fraßgänge, die vor allem im äußeren Teil des Rübenkörpers liegen (2). Nach vier bis sieben Wochen verpuppen sich die Maden im Boden. Ein Teil schlüpft ab August als zweite Generation, die anderen überwintern etwa 30 Zentimeter tief im Boden.

Die Larven der zweiten Generation bohren sich in die fast erntereifen Möhren ein und richten großen Schaden an (3). Sie überwintern als Larven in den Möhren oder als Puppen im Boden (4). Lagern Sie nur unverletzte Wintermöhren ein. Sonst schleppen Sie die Maden möglicherweise in den Keller ein, wo sie munter weiterfressen.

Tipp Im Sommer erledigt sich das Madenproblem manchmal von allein. Sind die oberen Bodenschichten, in welche die Fliegen ihre Eier ablegen, zu trocken und zu warm, trocknen die Eier aus. Die frisch geschlüpften Larven sind nicht lebensfähig und schaffen es nicht, sich in die tieferen Bodenschichten zu den Möhren vorzuarbeiten.

Die Kleine Kohlfliege

Sie liebt den Kohl, daneben aber auch Rettich und die zarten Radieschen: Die Kleine Kohlfliege *(Delia radicum)* legt von Ende April bis Anfang Mai jeweils etwa 10 Eier an den Wurzelhals der Pflanze oder in Erdspalten in deren Nähe. Nach vier bis acht Tagen schlüpfen die Larven. Diese bleiben zunächst noch im Boden und fressen an den feinen Faserwurzeln, später bohren sie sich in den Wurzelhals. Die besetzten Pflanzen wachsen nur noch zögerlich und welken. Nach ihrem Reifungsfraß verpuppen sich die Larven gleich im Wurzelhals oder im Boden. Die Larven der zweiten oder unter günstigen Witterungsbedingungen auch der dritten Generation verpuppen sich im Boden und überwintern dort.

Die erste Generation Larven schädigt vor allem Jungpflanzen und sorgt so für einen lückigen Bestand. Die zweite Generation, die ab August fliegt, legt die Eier auch an Blättern und Stängeln von Rosenkohl oder anderen späten Kohlarten ab. Die Larven fressen in den Röschen oder Blattrippen, die daraufhin faulen. Radieschen und Rettiche werden von allen Generationen stark geschädigt.

Tipp Setzen Sie Kohlpflanzen erst ab Ende Mai, dann ist der Flug der ersten Generation schon vorüber. Den herangewachsenen Pflanzen kann die zweite Generation dann nicht mehr viel anhaben.

Die Zwiebelfliege

Die Zwiebelfliege *(Delia antiqua)* hat eine Vorliebe für Zwiebeln und Porree, seltener für Schnittlauch. Anfang Mai schlüpfen die erwachsenen Fliegen. Erst nach einer mehrtägigen Pollen- und Nektardiät, meist an Wiesenkerbel oder Löwenzahn, paaren sie sich. Das Weibchen legt anschließend bis zu neun helle, ovale, etwa sechs Millimeter lange Eier in Bodenspalten in der Nähe der Zwiebelpflanzen ab. Nach drei bis acht Tagen schlüpfen die Larven, bohren sich in das »Zwiebelherz« ein und fressen dort. Doch beschränken sie sich nicht nur auf diese eine Zwiebelpflanze. Nein, nach dem ersten Gelage wandern sie zu einer benachbarten Zwiebel und fressen dort weiter. Im Laufe ihres zwei bis drei Wochen dauernden Larvenlebens kann eine Larve so mehrere junge Zwiebelpflanzen zerstören. Die Pflanzen kümmern und lassen sich leicht aus dem Boden ziehen. Nach ihrer Zeit als Larve zieht sich die Zwiebelfliege mehrere Zentimeter in den Boden zurück und verpuppt sich dort.

Nach zwei bis drei Wochen, je nach Witterungsverlauf, schlüpfen die Fliegen der zweiten Generation. Mittlerweile ist es Juli und die bisher verschonten Zwiebelpflanzen und Porreepflanzen sind schon etwas kräftiger. Die Larven bohren sich in den Zwiebelboden ein, manchmal sieht man dort sogar gleich mehrere Larven gemeinsam fressen. Die Zwiebel beginnt zu faulen. In warmen Jahren kann im September / Oktober noch eine dritte Generation Zwiebelfliegen auftreten.

Tipp Bei Trockenheit stirbt ein Teil der Fliegeneier ab, sodass weniger Larven schlüpfen. Feuchte Witterung dagegen begünstigt die Fliegenentwicklung.

Mischkultur mit Möhren und Zwiebeln

Als Maßnahme gegen Möhrenfliege und Zwiebelfliege liest man häufig noch den Tipp, Möhren und Zwiebeln gemeinsam in ein Beet zu setzen. Untersuchungen haben jedoch gezeigt, dass sich die Möhrenfliegen nicht durch den Duft der benachbarten Zwiebeln von den Möhren ablenken lassen. Außerdem sind beide Gemüse keine idealen Partner für eine Beetgemeinschaft: Möhren brauchen im Spätsommer und Herbst viel Feuchtigkeit, um ihre Rübenkörper zu bilden. Zwiebeln dagegen reagieren zu diesem Zeitpunkt recht empfindlich auf zu viel Wasser. Sollen die Zwiebeln gelagert werden, muss das Laub jetzt abtrocknen können. Jede zusätzliche Wassergabe ist fatal. Wenn Sie die Mischkultur doch einmal ausprobieren möchten, nehmen Sie anstelle der Zwiebel Porree. Der passt besser zur Möhre.

Die Lauchminierfliege

Die Lauchminierfliege *(Dizygomyza cepae)* schlüpft im Mai. Nach der Paarung legt das Weibchen 25 bis 30 Eier in die Blätter ab. Dabei hinterlässt sie an den Porreeblättern oder Zwiebelblättern deutlich sichtbare, weißliche Punkte. Das sind die Einstichstellen. Vier bis sechs Tage später schlüpfen die hungrigen Larven und bohren sich Gänge durch die Schlotten, die Zwiebelblätter. Ab Mitte Juni sind diese schlanken, manchmal sogar verästelten Fraßgänge gut sichtbar. Stark befallene Blätter sterben ab. Die Zwiebeln können nicht ausreifen und Porree wird so stark beschädigt, dass er nicht mehr verwendet werden kann. Nach zwei bis drei Wochen wandern die Larven aus den Schlotten in den Boden und verpuppen sich dort. Bei regnerischem Wetter kann eine zweite Generation Fliegen ab September auftreten, die vor allem an Winterporree Schäden verursacht.

Tipp Suchen Sie ab Mitte Mai beziehungsweise ab September nach ersten Einstichstellen und entfernen Sie einzelne befallene Blätter. Das beeinträchtigt die Pflanzen nicht in ihrem Wachstum. Ist mehr als ein Blatt besetzt, sollte die Pflanze komplett herausgezogen werden.

Wie funktionieren die Schutznetze?

Insektenschutznetze oder Kulturschutznetze haben eine Maschenweite von etwa 1,35 mal 1,35 Millimeter. Durch diese winzigen Öffnungen können viele Insekten wie Gemüsefliegen, Kohlweißlinge und Lauchmotten nicht hindurchschlüpfen. Die Netze sind reißfest und durchlässig für Licht, Luft und Wasser. Bei guter Behandlung und dunkler, mäusesicherer Lagerung im Winter sind sie fünf bis sieben Jahre lang haltbar.

Auch Vliesgewebe halten Insekten ab. Aber: Ihre Hauptaufgabe ist es, frühe oder späte Gemüsekulturen vor kühlen Temperaturen zu schützen. Bleiben die Vliese auch im Sommer auf den Beeten liegen, kann unter ihnen ein Hitzestau entstehen, der die Gemüsepflanzen schädigt.

Erdflohnetze

Sogenannte Erdflohnetze haben eine noch kleinere Maschenweite als Kulturschutznetze, nämlich 0,8 mal 0,8 Millimeter. Erdflöhe sind gefürchtete Schädlinge an Kohl und kohlverwandten Gemüsearten wie Radieschen und Rettich. Die üblichen Schutznetze können diese Tiere nicht abhalten. Die Käfer, die sich mit ihren kräftigen Hinterbeinen wie große Flöhe in die Luft katapultieren können, nagen an den Keimblättern junger Pflanzen und bedingen dadurch einen lückigen Aufgang der Saat. An älteren Pflanzen durchlöchern sie die Blätter. Die Larven fressen im Boden an den Wurzeln oder Wurzelhälsen. Der beste Schutz vor diesen gefräßigen, blau-schwarz, teils auch gelbblau gestreiften Käfern sind die Erdflohnetze.

Wie gut funktioniert es?

Die kleinen Maschen der Kulturschutznetze verhindern zuverlässig, dass die Gemüsefliegen in die Nähe ihrer Wirtspflanzen kommen. Aber nur, wenn die Netze gleich nach der Aussaat oder der Pflanzung der Gemüse locker über die Beete gelegt und sorgfältig an den Seiten festgesteckt werden. Die Insekten können ihre Eier dann nicht mehr auf den Blättern oder auf dem Boden zwischen den Pflanzen ablegen.

Das Netz hilft aber nicht, wenn sich im Boden überdauernde Schädlinge wie die Möhrenfliegen schon im Beet befinden. Halten Sie darum die Fruchtfolge ein und wechseln Sie jährlich das Beet. Achten Sie beim Kauf auch auf gesunde Jungpflanzen, an deren Blättern keine Erdflöhe oder Schmetterlingseier sitzen sollten.

Nachteile: Für Arbeiten auf dem Beet wie Unkrauthacken, Vereinzeln und Ernten muss das Netz abgenommen werden. Führen Sie solche Arbeiten an einem trüben Tag durch, denn die durch die Netze geschützten Gemüsepflanzen haben weichere und hellere Blätter, die empfindlich auf direkte Sonneneinstrahlung reagieren. Unter dem Netz herrscht ein besonderes Mikroklima, das Gemüse schneller reifen lässt. Durch die feuchtere Luft können sich aber auch Pilzkrankheiten wie die Rettichschwärze ausbreiten.

Einsatzbereit?

Das Gemüseschutznetz wird gleich nach der Aussaat oder der Pflanzung von Möhren, Kohl und Co. locker über das Beet gelegt. Netze, die 2,30 Meter breit sind, lassen bei einer Beetbreite von 1,20 Metern auch hohen Gemüsearten wie Porree und Kohl genügend Spielraum beim Wachsen. Empfindliche Kulturen wie Salat können durch die aufliegenden Netze Druckstellen bekommen. Spannen Sie das Netz in solchen Fällen über Stützbügel oder Bögen. Wichtig ist, dass die Netze rundherum an den Rändern mit Steinen, Holzlatten oder Erde gut festgesteckt oder leicht eingegraben werden. So können keine Schädlinge durch seitliche Lücken schlüpfen.

Was kann man noch tun?

Fruchtfolge

Die Puppen der Gemüsefliegen können bis zu vier Jahre im Boden überdauern, bis sie schlüpfen. Pflanzen Sie deshalb nur alle vier Jahre die gleichen Gemüsearten oder deren Verwandte auf dasselbe Beet. So beugen Sie auch anderen Fruchtfolgeproblemen wie Kohlhernie, Welkepilzen und Wurzelnematoden vor.

> **Die liebe Verwandtschaft**
>
> Die Möhrenfliege schädigt nicht nur Möhren, auch die nähere Doldenblütlerverwandtschaft gehört in ihr Wirtspflanzenspektrum. Ähnliches gilt für Kohlfliege und Zwiebelfliege. Da lohnt es sich, die Familienverhältnisse der Gemüsearten einmal näher zu betrachten:
> - Doldenblütler: Möhre, Sellerie, Pastinake, Petersilie, Dill, Kümmel
> - Kreuzblütler: alle Kohlarten, Kohlrabi, Radieschen, Rettich, Rucola, Asia-Salate
> - Liliengewächse: Zwiebel, Porree (Lauch), Schnittlauch

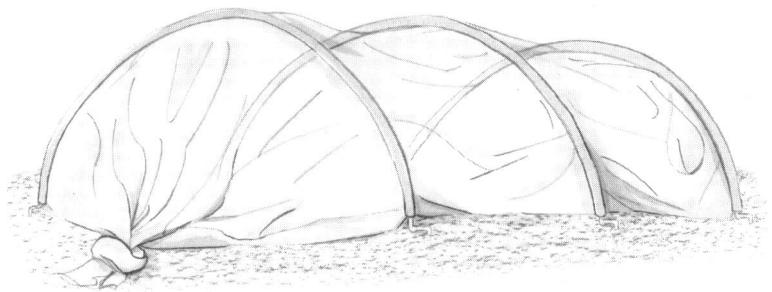

*Das Gemüseschutznetz kann zum Schutz empfindlicher Kulturen
über Stützbügel oder Bögen gespannt werden ...*

... und es kann locker über weniger empfindlichen Gemüsekulturen ausgebreitet werden, ...

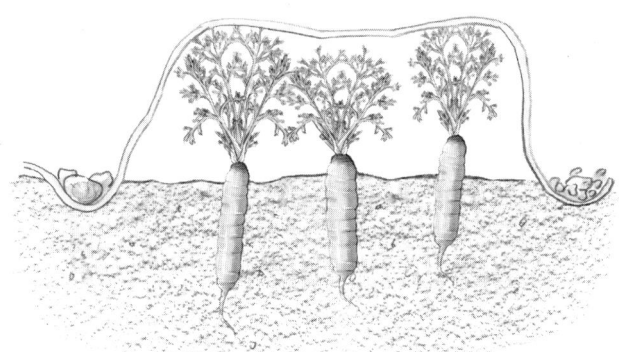

*... sodass es mitwachsen kann. In allen Fällen ist es sehr wichtig, die Abdeckung rundum mit
Sandsäckchen, Brettern, Steinen oder durch leichtes Eingraben zu befestigen, um einen Zuflug der
Gemüsefliegen von außen zu verhindern.*

Pflanzzeit

Mit angepassten Pflanzzeiten können Sie die Flugzeiten der Gemüsefliegen gezielt umgehen. Werden Kohl und Radieschen erst Ende Mai
gesetzt, ist der erste Flug der Kohlfliege schon vorbei, der vor allem die
Jungpflanzen schädigt. Möhren sollten möglichst früh, bis Ende März,
oder spät, ab Ende Juni, gesät werden. Sie sind dann weniger gefährdet. Mit Wintersteckzwiebeln schummelt man sich an der Zwiebelfliege und der Lauchminierfliege vorbei. Sie werden ab Ende Oktober
gesteckt und im Mai geerntet.

Tipp Stecken Sie die Wintersteckzwiebeln nicht vor Oktober. Bis dahin
kann unter klimatisch günstigen Bedingungen noch die dritte
Generation der Zwiebelfliege unterwegs sein.

Kohlkragen

Kohlkragen sind runde oder quadratische Scheiben aus Pappe, Filz oder
Kunststoff, die in der Mitte ein Loch und einen Einschnitt haben. Sie
werden ab April vorsichtig um frisch gesetzte Kohlpflanzen gelegt und
leicht an den Boden gedrückt. Auf diesen Kohlkragen legen die Kohl-
fliegen ihre Eier ab. Die Eier trocknen aus und können mit der Manschette entfernt werden. Auf dunkelbraunem Material sind die hellen
Eier gut zu erkennen.

Tipp Kohlkragen können Sie kaufen oder selbst anfertigen. Die Manschet-
ten sollten einen Durchmesser von zehn bis 12 Zentimetern haben.

Madenfrei

Gegenüber den Gemüsefliegen resistente Gemüsesorten gibt es bisher
nur bei den Möhren: Die Möhrensorten 'Fly Away F1', 'Resistafly' und
'Ingot F1' gelten als resistent gegenüber der Möhrenfliege.

Wen halten die Netze auch ab?

Mit den Kulturschutznetzen will man vor allem die Gemüsefliegen fernhalten. Ein schöner Nebeneffekt ist, dass auch andere Gemüseschädlinge, die aus der Luft angreifen, nicht durch die engen Maschen kommen: Kohlweißling, Kohleule und Kohldrehherzmücke, Lauchmotte, Wurzelfliegen an Bohnen, Spinat und Spargel und Wurzelläuse. Auch ein großer Teil der Kohlmottenschildläuse wird abgehalten, die besonders an Kohlgewächsen großen Schaden anrichten können.

Kohlweißling

Der Große Kohlweißling *(Pieris brassicae)* ist ein häufiger Besucher in unseren Gärten. Seine Flügel sind auffällig weiß gefärbt mit schwarzen Spitzen. Die erste Generation Larven lebt im Frühjahr vor allem auf den wilden Verwandten des Kohls: auf Hirtentäschel und Acker-Senf. Im Sommer fressen die gelblich grünen Larven mit den schwarzen Punkten gesellig an den Blättern verschiedener Kohlarten, manchmal so stark, dass nur noch die Blattrippen übrig bleiben. Die Larven wandern im Herbst zu Holzpfählen, Zäunen, Mauern und Hauswänden, wo sie sich verpuppen und überwintern.

Tipp Kontrollieren Sie regelmäßig die Blattunterseiten der Kohlarten auf Gelege mit gelben, kegelförmigen Eiern und zerdrücken Sie diese.

Kohleule

Die Kohleulen-Larven *(Mamestra brassicae)* der ersten Generation fressen gesellig an den Blättern verschiedener Kohlarten, bei starkem Befall bleiben nur die Blattrippen stehen. Die hellgrünen bis braunen Larven haben einen auffälligen gelben Seitenstreifen. Ausgewachsen können sie bis zu 50 Millimeter lang sein. Im Spätsommer bohren sich die Larven der zweiten Generation schnell in den Kohlkopf ein und hinterlassen mit Kotkrümeln gefüllte Fraßgänge. Die Larven verpuppen sich im Boden und überwintern dort.

Tipp Die Eier der Kohleule sind halbkugelförmig und weißlich gelb bis grau gefärbt. Sie sitzen an den Blattunterseiten der Kohlblätter. Zerdrücken Sie die Eigelege und die frisch geschlüpften Räupchen.

Kohldrehherzmücke

Die Larven der Kohldrehherzmücke *(Contarinia nasturtii)* saugen an den Blattstielen und am »Herz« verschiedener Kohlarten. Die Herzblätter verdrehen sich daraufhin und der Spross stirbt ab. In der Folge bildet sich bei Kopfkohlarten und Blumenkohl kein Kopf. Stattdessen treiben die Seitenknospen aus und bilden mehrere kleine Köpfe. Pro Jahr treten bis zu drei Mückengenerationen auf. Die Larven überwintern in Kokons im Boden.

Lauchmotte

Die Lauchmotte *(Acrolepia assectella)* ist ein unscheinbarer Schmetterling, der seine Eier an die Blätter von Zwiebeln und Porree legt. Die Larven fressen zuerst außen an den Blättern und bohren sich später in die Pflanze ein. Sie wandern in Richtung »Herz«. Die Blattspitzen verdrehen sich und trocknen ein, das Herz fault. Die Larven verpuppen sich an den Blättern. Pro Jahr treten zwei Mottengenerationen auf, im Mai / Juni und im Juli / August.

Tipp Lassen Sie befallene Pflanzen den Winter über nicht auf dem Beet stehen. Die Puppen überwintern auf den Blättern.

Wurzelfliegen

Wurzelfliegen haben eine ähnliche Entwicklung wie Gemüsefliegen. Die Larven bohren sich in die Wurzelhälse von Keimlingen, in Keimblätter und in die Stängel ein. Sämlinge werden so stark geschädigt, dass sie absterben. Spezialisierte Wurzelfliegen gibt es bei Bohnen, Spinat und Spargel. Pro Jahr treten mehrere Generationen auf. Die Larven verpuppen sich im Boden und überwintern dort.

Wurzelläuse

Wurzelläuse sind verwandt mit den Blattläusen, saugen aber an den Wurzeln von Möhren, Salat und vielen anderen Pflanzenarten. Sie sind besonders auf trockenen Böden anzutreffen. Befallene Pflanzen kümmern, sind anfälliger gegenüber Krankheiten und Schädlingen, manchmal sterben sie auch ab. Manche Läuse scheiden wie die Wollläuse Wachsfäden ab, um Feuchtigkeit fernzuhalten.

Kohlmottenschildlaus

Kohlmottenschildlaus *(Aleurodes proletella)* und Weiße Fliege sind nahe verwandt. Beide ähneln kleinen weiß überpuderten Fliegen. Die Kohlmottenschildlaus lebt an den Blattunterseiten verschiedener Kohlarten, bevorzugt an Grünkohl, Wirsing, Brokkoli, Blumenkohl und Rosenkohl. Larven und erwachsene Insekten saugen Pflanzensaft. Sie scheiden Honigtau aus, auf dem sich in Folge Rußtaupilze ansiedeln.

Tipp Lassen Sie befallene Pflanzen den Winter über nicht auf dem Beet stehen. Dort überwintern die Läuse.

☑ Checkliste Insektenschutznetz

Insektenschutznetze haben sich auch im Erwerbsgartenbau als Maßnahme gegen Möhrenfliege und Co. bewährt, weil sie diese Tiere zuverlässig fernhalten.

▷ Schutznetze werden sofort nach der Saat oder Pflanzung ausgelegt und an den Beeträndern gut abgedichtet.

▷ Die Netze bleiben bis zur Ernte liegen, da einige Gemüsefliegen bis in den Oktober aktiv sind.

▷ Sortieren Sie beschädigte Netze aus.

▷ Zur gezielten Bekämpfung von Erdflöhen gibt es spezielle Netze mit einer kleineren Maschenweite.

Kulturschutznetz gegen Vögel

In manchen Sommern heißt es, schneller zu sein als Amsel, Drossel, Fink und Star. Denn sowohl einzeln als auch in Scharen lassen sie sich auf Kirschbäumen nieder und picken mit ihren spitzen Schnäbeln die Früchte an. Stare lassen oft nur noch den Kirschkern als Erinnerung zurück. Oder die lieben Vögelchen pflücken säuberlich Stück für Stück die Heidelbeeren vom Strauch, nur die reifen, versteht sich. Wer da auch noch miternten möchte, sieht von Vogelvertreibung durch akustische Geräte ab und netzt sein Obst in aller Ruhe rechtzeitig ein. Damit die Vögel nicht ganz leer ausgehen, sollten im Garten einige Wildgehölze wie Eberesche, Felsenbirne oder Wildrosen stehen, deren Früchte man den Vögeln entweder vollständig überlässt oder mit ihnen teilt.

Vogeldiebe

Zumeist sind es die Singvögel, die sich im Sommer und Herbst an Beeren, Kirschen, Äpfeln und Birnen laben. Werden Beeren und Trauben von größeren Singvögeln ganz verspeist, ist das zwar ärgerlich, aber verkraftbar. Schlimmer ist es jedoch, wenn die Früchte nur angepickt

werden. In den verletzten Früchten breiten sich Fruchtfäulen wie der Grauschimmelpilz aus. Der süßliche, leicht gärige Geruch lockt Wespen und andere Insekten an, die dann an den Früchten fressen und den Schaden noch vergrößern.

Es sind aber nicht nur die fruchttragenden Bäume und Sträucher, die zu Tummelplätzen für Vögel werden können. Frisch eingesäte Beete, vor allem diejenigen mit Gemüse, sind wie ein gedeckter Tisch für Spatzen, Krähen und Tauben. Um an die proteinreichen und fettreichen Samen von Mais, Bohnen und Erbsen heranzukommen, wühlen und scharren sie die Beete auf. Das endet erst, wenn die Sämlinge genügend Laubblätter gebildet haben. Dann sind die Samen nicht mehr interessant, weil sie ihre energiereichen Reservestoffe aufgebraucht haben. Spatzen, Krähen und Tauben werden kaum als Obstdiebe auffällig.

Einzelne Vögel richten selten große Schäden an Obst oder Saatbeeten an. Das machen nur größere Vogeltrupps oder Schwärme.

Ein gutes Wort für die Wespen

Wespen können gerade im Sommer lästig werden. Denn dann haben sie eine Vorliebe für Süßes. Angepickte Früchte verbreiten einen süßlichen, leicht faulig gärigen Duft, der Wespen geradezu angelockt. Wird die Kaffeetafel dann noch unterm Kirschbaum aufgebaut, ist der Ärger vorprogrammiert. Wespen haben es auch auf Kuchen, Limonade und andere süße Leckereien auf unseren Gartentischen abgesehen. Bleiben Sie ruhig und fuchteln Sie nicht wild herum. Das macht die friedlichen Wespen aggressiv.

Bitte denken Sie daran: Wespen sind keine Schädlinge. Sie verletzen die Früchte nicht, sondern folgen erst auf die Vögel. Den Hauptteil ihres kurzen Lebens verbringen Wespen auf Insektenjagd und vertilgen dabei allerlei Gartenschädlinge.

Hängen Sie keine mit Zuckerwasser gefüllten Flaschen auf, um die Wespen zu fangen! In diese Falle können auch die gemütlichen Hummeln gehen. Wenn es nötig sein sollte, Wespen wegzulocken, fügen Sie dem Zuckerwasser noch einige Tropfen Essig hinzu. Diese gärende Flüssigkeit lockt nur Wespen an. Wird das Zuckerwasser in Marmeladengläser oder Schalen gegeben, können sich die Wespen bedienen, ohne gefangen zu werden.

Der Star

Er ist wohl unser größter Konkurrent in Sachen Kirschen. Ausgerechnet zur besten Kirschenzeit, im Juli, finden sich die Stare *(Sturnus vulgaris)* zu großen Schwärmen zusammen. Dann können die Vögel innerhalb kürzester Zeit alle Kirschen von einem Baum wegputzen. Während der Brutzeit ist der Star ein willkommener Nützling: Er vertilgt Unmengen von Kleintieren, Insekten, Schnecken und Würmern, die in unseren Gärten als Schädlinge gelten, oder verfüttert sie an seinen Nachwuchs. Auch die eine oder andere Frucht verschwindet in seinem Schnabel. Im Herbst und Winter ernährt sich der Star von Beeren und Samen.

Im Herbst bilden sich große, eindrucksvolle Starenschwärme, die in Richtung Mittelmeer ziehen. Doch ist der Star kein obligatorischer Zugvogel mehr. Ein Teil der Vögel überwintert auch nördlich der Alpen in Mitteleuropa. Bereits Ende Februar kehren die ersten Stare aus ihren Überwinterungsquartieren zurück.

Der Star ist ein geselliger Vogel und nistet gern in der Nähe seiner Artgenossen. Dafür sucht er höhlenreiche Laubwälder oder Baumbestände in Parks auf. Man kann ihm auch Nistkästen anbieten. Stare sind begnadete Sänger. Sie können andere Vögel und Geräusche täuschend echt imitieren. So verschafft sich der Star auch Vorteile bei der holden Weiblichkeit. Denn die Starendame wählt tatsächlich den Starenmann aus, der die meisten Melodien im Repertoire und auch die größte Ausdauer hat.

Tipp Neben dem Star gehört die Amsel zu den häufigsten Gartenvögeln. Beide suchen ihre Nahrung am Boden und sind schwarz gefiedert. Der Star trägt bis zum Herbst ein purpurschwarz schillerndes Gefieder. Zur Herbstmauser wechselt er es gegen das sogenannte Schlichtkleid mit den weißen Tupfen. Die Amsel trägt zum schwarzen Kleid einen orangegelben Schnabel. Wie lassen sich die beiden noch auseinanderhalten? An ihrem Gang am Boden: Während die Amsel munter über den Boden hüpft, schreitet der Star fast majestätisch.

• Ich habe diese Karte folgendem Buch entnommen:

....

Anregungen / Meinungen / Kritik:

....

....

....

....

☐ Schicken Sie mir bitte kostenlos Informationen über Ihr Gesamtprogramm

☐ Schicken Sie mir auch aktuelle Informationen per E-Mail (max. 3 – 4-mal pro Jahr):

Meine E-Mail-Adresse: .... @ ....

Absender/in:

....

....

....

....

Antwort

pala-verlag

Postfach 11 11 22

64226 Darmstadt

Außerdem bei uns im Programm:
Irmela Erckenbrecht
**Wie baue ich
eine Kräuterspirale?**
Leitfaden für die Gartenpraxis
ISBN: 978-3-89566-220-1
überall, wo es Bücher gibt

Die Amsel

Schwarz gefiedert mit orangegelben Schnäbeln: Das sind Amseln, genauer gesagt Amselmännchen. Denn die Weibchen kleiden sich vom Schnabel bis zur Schwanzspitze in ein schlichtes Braun. Bis vor 150 Jahren war die Amsel *(Turdus merula)* noch ein scheuer Waldvogel. Die Scheu hat sie längst abgelegt. Heute zählt sie zu den häufigsten Vögeln im Garten und in der Stadt. Im Frühjahr und Sommer suchen die Amseln am Boden oder im Unterholz nach Insekten, deren Larven und Regenwürmern. Im Herbst und Winter locken auch süße Früchte, Fallobst und Beeren. Nach der Brutzeit gehen die Amseln gemeinsam auf Nahrungssuche. Lassen sich diese kleinen Trupps bei der Nahrungssuche auf Obstbäumen, Beerensträuchern oder Weinreben nieder, können sie erheblichen Schaden an den Früchten anrichten.

Amseln sind Freibrüter. Die große Mehrzahl der Amseln verbringt den Winter in Mitteleuropa, nur noch wenige weichen in den milderen Südwesten Europas aus.

Tipp Amseln suchen auf dem Rasen oder unter Falllaub nach Insekten und Würmern. Dazu halten sie den Kopf leicht schräg. Sie lauschen den Geräuschen, die die Beutetierchen im Boden machen. Mit einem kleinen Stück niedrigen Rasens oder offenen Bodens können Sie Amseln in den Garten locken.

Die Wacholderdrossel

Wacholderdrosseln *(Turdus pilaris)* sind braun gefärbt, Kopf und Schwanz sind grau. Die weiße Brust ist dunkel gepunktet. Während der Brutzeit im Frühling und Sommer besteht ihre Nahrung hauptsächlich aus Kleintieren wie Regenwürmern und Insekten. Später im Jahr verschiebt sich das in Richtung Beeren und Früchte. Wie die Amseln sind auch die Drosseln nach der Brutzeit sehr gesellig. Im Herbst können sie große Schwärme bilden, die dann in Obstkulturen und Weinbergen niedergehen. Ein Teil der bei uns lebenden Wacholderdrosseln zieht im Herbst in Richtung Italien, Frankreich oder Spanien. Viele bleiben jedoch auch hier.

Tipp Im Herbst und Winter sieht man die Wacholderdrosseln häufig auf Ebereschen, Weißdorn und Hagebuttenrosen. Mit einer Wildobsthecke können Sie sie auch in Ihrem Garten beobachten. Mähen Sie den Rasen nicht zu kurz, dann finden die Vögel mehr Insekten für sich und ihren Nachwuchs.

Der Grünfink

Der Grünfink *(Carduelis chloris)* oder Grünling, wie er auch genannt wird, macht seinem Namen alle Ehre. Bis auf die schwarzen Flügelspitzen und ein leuchtend gelbes Flügelfeld ist er einheitlich grün bis graugrün gefärbt. Grünfinken sind Pflanzenfresser. Dem kräftigen Schnabel sieht man an, dass sich die kleinen Vögel hauptsächlich von Samen ernähren. Auch junge Knospen und Beeren verschmähen sie nicht. Nur die Jungvögel werden mit Insekten gefüttert.

Grünfinken brüten in Hecken, Gebüschen oder begrünten Hausfassaden. Sie überwintern in der Regel im Brutgebiet.

Tipp Grünfinken sind Raufbolde: Im Winter verjagen die kräftigen Vögel andere Singvögel vom Futterplatz. Dort lieben sie besonders die ölhaltigen Sonnenblumenkerne und Erdnüsse.

Der Haussperling

Spatzen oder Haussperlinge *(Passer domesticus)* gehören noch immer zu den häufigsten Stadtvögeln, obwohl ihre Anzahl zurückgegangen ist. Fast jeder kennt sie: den tschilpenden Spatzenmann mit dem graubraunen Gefieder, den weißen Wangen und dem grauen, dunkelbraun eingefassten Scheitel und seine ruhigere Spatzendame im schlichten graubraunen Kostüm.

Der Sperling ist wie der Grünfink ein Vegetarier. Er ernährt sich von Sämereien, darunter auch Unkrautsamen. Ein Spatz kommt selten allein. Er ist sehr gesellig und lebt in Kolonien. Gemeinsam gehen die Spatzen auch auf Futtersuche. Dieses Verhalten schützt sie vor Raubvögeln. Aber: So ein Spatzentrupp kann auf der Suche nach Nahrhaftem auch schnell ein frisch gesätes Beet verwüsten.

Tipp In den letzen Jahren ist der Haussperling seltener geworden. Ursache ist wahrscheinlich eine Kombination aus Mangel an Nistmöglichkeiten und Insekten für die Aufzucht seines Nachwuchses. Durch die Altbausanierungen in den Städten finden Spatzen immer weniger Nistplätze in Lücken und Vorsprüngen. Mit speziellen Spatzenkästen kann man dem Spatz helfen.

Die Krähen

Rabenkrähen und Nebelkrähen sind zwei Unterarten der Aaskrähen *(Corvus corone)*. Die Rabenkrähen haben ein schwarzglänzendes Gefieder und schwarze Schnäbel. Die Nebelkrähen haben zusätzlich zu den schwarzen Federn graue Seitenpartien. Nebelkrähen leben östlich der Elbe.

Krähen machen den Bauern häufig das Leben schwer, wenn sie sich nach der Aussaat oder kurz vor der Ernte in Schwärmen auf den Feldern niederlassen und Mais oder Getreidekörner aus der Erde oder von den reifen Kolben und Ähren picken. Auch auflaufende Sämlinge, zum Beispiel Salat und Kohl, und im Sommer reifes Obst sind bei den Rabenvögeln beliebt. Schaden richten vor allem die Nichtbrüter an, die entweder zu jung sind, keinen Partner oder kein Territorium gefunden haben. Sie schließen sich in Schwärmen zusammen. Brutvögel gehen dagegen auf Jagd nach tierischer Kost für ihren Nachwuchs. Sie vertilgen Mäuse, Würmer und viele Insekten.

Tipp Krähen haben einen schlechten Ruf: Sie sind Aasfresser, räubern auch mal die Brut von Singvögeln und sind sich selbst für Müllkippen nicht zu schade. Doch das gehört zu ihrem natürlichen Verhalten. Krähen haben als Aasfresser eine wichtige ökologische Funktion. In alten Krähenhorsten finden Mäusejäger wie Waldohreule, Turmfalke und Baumfalke Nistplätze.

109

Die Ringeltaube

Ringeltauben *(Columba palumbus)* haben ein graues, rosa und blaugrün schimmerndes Gefieder. Sie sind reine Pflanzenfresser und ernähren sich von Sämereien und grünen Pflanzenteilen. Mit der Nahrung nehmen Tauben auch kleine Steinchen auf, die die Samenkörner im Magen zermahlen. Im Kropf bilden die Vögel die sogenannte Kropfmilch, die sehr proteinreich und fettreich ist. Mit der Kropfmilch ernähren sie ihre Jungen. Das macht die Jagd nach Würmern oder Insekten unnötig.

Ähnlich wie die Krähen können Tauben auf frisch bestellten Feldern große Schäden anrichten. Im Herbst bilden sich häufig Schwärme, die auf Feldfluren niedergehen. Ringeltauben überwintern in Mitteleuropa. Im Winter picken sie auch an Winterkohlarten wie Rosenkohl und Grünkohl.

Tipp Ringeltauben können häufig an Vogeltränken beobachtet werden. Sie müssen regelmäßig Wasser trinken, das auch für die Bildung der Kropfmilch benötigt wird. An Futterhäusern sind sie schon allein wegen ihrer Größe dominant und verdrängen kleinere Singvögel.

Wie funktionieren die Schutznetze?

Vogelschutznetze haben weitere Maschen als Insektenschutznetze: 10 mal 10 Millimeter bis 30 mal 30 Millimeter. Empfohlen werden weiche oder gewobene Netze in hellen, auffälligen Farben. Im Handel gibt es sie meist in Grün oder Blau. Der blauen Farbe wird zusätzlich eine abschreckende Wirkung nachgesagt. Die Netze sind witterungsbeständig und reißfest. Bei guter Behandlung und dunkler, mäusesicherer Lagerung im Winter halten sie fünf bis sieben Jahre.

Die Netze werden über die zu schützenden Bäume oder Sträucher gespannt. Es kann noch genügend Licht durch die Maschen an die Früchte dringen, sodass sie ausreifen können. Sind die Netze ordnungsgemäß angebracht, sind die Früchte vor Vögeln sicher.

Tipp Um frische Ansaaten zu schützen, reicht es, die kleinmaschigeren Insektenschutznetze über die Beete zu legen.

Achtung: Schwarze Netze, Netze mit einer größeren Maschenweite als 30 mal 30 Millimeter oder Netze mit feinen Fäden – sogenannte Gespinstnetze – dürfen nicht verwendet werden. Darin könnten sich Vögel und Kleinsäuger verfangen und qualvoll verenden. Dünne, harte Fäden aus Kunststoff haben scharfe Kanten, die Igel und Vögel verletzen können, auch wenn die Netze auffällig gefärbt sind.

Wie gut funktioniert es?

Im Hausgarten und Kleingarten ist das Einnetzen bisher die effektivste Methode, um Vögel von Obst fernzuhalten. Ein nicht zu unterschätzender Vorteil ist auch, dass die Netze Schutz vor Hagelschäden bieten. Stare, die von oben her auf die Bäume und Sträucher fliegen, können mit Netzen gut in Schach gehalten werden. Anders bei den Amseln: Sie greifen von unten her an und finden dort oft Schlupflöcher. Sie können kaum von den süßen Früchten ferngehalten werden. Bei Rebstöcken beispielsweise hilft dann nur noch das Einhüllen einzelner Trauben.

Bei großen Obstbäumen ist das Anbringen aufwendiger als bei kleinen Obstbaumformen und Beerensträuchern.

Alternative Methoden wie Vogelscheuchen oder bunte, flatternde Plastikbänder vertreiben Vögel nur für kurze Zeit (siehe Seite 113). Die Tiere merken schnell, dass diese Mittel ungefährlich sind. Akustische Geräte unterliegen dem Immissionsschutzgesetz und brauchen eine Genehmigung.

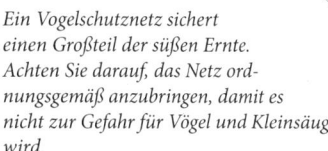

Ein Vogelschutznetz sichert einen Großteil der süßen Ernte. Achten Sie darauf, das Netz ordnungsgemäß anzubringen, damit es nicht zur Gefahr für Vögel und Kleinsäuger wird.

111

Einsatzbereit?

Wer alljährlich mit Vogelschäden zu kämpfen hat, sollte sein Obst schon vor der Reife einnetzen. Ansonsten reicht es, die Netze bei Auftreten der ersten Schäden zu spannen. Es gibt zwei Möglichkeiten, die Netze anzubringen: Baum oder Strauch wird vollständig eingehüllt und die auf den Boden hängenden Netzenden straff gespannt. Oder es wird wie im Weinbau üblich nur die Etage mit dem Fruchtbehang von beiden Seiten verhängt. Das geht besonders gut bei Spalieren. Das Netz wird am Draht oberhalb der Früchte befestigt. Unten lässt man es frei hängen, aber nicht bis auf den Boden. So können die Vögel zwar seitlich und von unten eindringen. Trotzdem bieten die Netze Schutz.

Die Netze dürfen auf keinen Fall lose auf dem Boden aufliegen, sonst können sich Kleinsäuger wie Igel oder Mäuse darin verfangen. Die Enden sollten immer straff gespannt sein und mit Heringen am Boden verankert werden. Schlupflöcher werden verschlossen.

Tipp Kontrollieren Sie unbedingt regelmäßig die Umnetzung. Dabei können Sie Löcher schließen, verirrte Vögel oder gefangene Tiere befreien. Zur Ernte wird das Netz wieder abgenommen.

Klüger als erwartet

Lange galten Vögel bei Wissenschaftlern als instinktgesteuert und ziemlich dumm. Höhere Intelligenz konnte man beim kleinen Vogelhirn nicht erwarten. Fehlt ihm doch auch noch die Großhirnrinde, die bei Säugetieren als Sitz der Intelligenz vermutet wird. Vogelforscher in aller Welt sind gerade dabei, das Gegenteil zu beweisen. Krähen beispielsweise planen vorausschauend. Und Elstern sind in der Lage, sich selbst im Spiegel zu erkennen, wie die Elster Gertie an der Ruhr-Universität Bochum. Das können bis auf Delfine und Menschenaffen noch nicht mal Säugetiere, was die Elstern in die Liga der klügsten Tiere erhebt.

Was kann man noch tun?

Wasser anbieten

Häufig gehen Vögel in trockenen Sommern an die saftreichen Früchte, um ihren Durst zu stillen. Stellen Sie flache Schalen mit Wasser so auf, dass die Vögel sie sehen und anfliegen können, sie aber auch vor Katzen sicher sind.

Aussaatzeitpunkt und Aussaattiefe

Einer Zerstörung des frisch eingesäten Beetes kommt man zuvor, wenn die Samen schnell keimen. Säen Sie deshalb nicht in zu kalte oder feuchte Erde. Die Samen keimen dann nur zögerlich und es vergeht viel Zeit, bis die Sämlinge kräftig sind. Legen Sie die Samen gegebenenfalls auch tiefer ab: Zuckermais kann etwa sechs Zentimeter tief, Erbsen und Bohnen bis acht Zentimeter tief gesät werden. So können die Vögel sie nicht mehr so leicht aus dem Boden scharren. Lassen Sie auch keine Samen an der Bodenoberfläche liegen. Das lockt Vögel an. Sobald die Sämlinge Laubblätter gebildet haben, sind sie vor Vogelfraß meist sicher.

Flatternde Bänder und glitzernde CDs

Sich im Wind bewegende Plastikbänder und Windsäcke sollen zweifach abschrecken: durch Bewegung und Signalfarben. Das funktioniert leider nur für kurze Zeit. Schon nach ein bis drei Tagen lassen sich die Vögel davon nicht mehr beeindrucken. Die Bänder und Windsäcke werden in einer Höhe von etwa einem Meter im Abstand von fünf bis zehn Metern angebracht.

Gute Wirkung haben CDs, die in die Bäume gehängt werden. Die spiegelnden Flächen verscheuchen besonders effektiv bei starker Sonneneinstrahlung.

Vogelscheuchen

Die altbekannte Vogelscheuche hat ausgedient. Die Vögel gewöhnen sich einfach zu schnell daran. Abstrakte Scheuchen, die nur noch entfernt einem Menschen ähnlich sehen, zeigen kaum Wirkung. Sieht die

Scheuche dagegen einem Menschen sehr ähnlich, hält ihre Wirkung etwas länger an. Stellen Sie die Vogelscheuche nicht zu früh auf, sondern erst dann, wenn erste Schäden auftreten.

Bunte Luftballons schrecken Vögel ebenfalls ab, mit aufgemalten Augen besser als ohne Malerei, aber auch das nur für wenige Tage.

Drachen gegen Vögel

Modernere Vogelscheuchen kommen im Gewand eines Drachens daher. Der Drachen hat die Form eines Greifvogels und wird an einer langen Schnur an einer hohen Stange angebracht. Im Wind schwebt er über dem Garten. Damit nutzt man den Instinkt der Vögel aus, nicht in der Nähe eines Raubvogels Nahrung zu suchen. In Ackerkulturen schweben die Drachen an 13 Meter hohen Stangen über den Feldern. Ein Drachen schützt eine Fläche von etwa drei Hektar. Und doch haben die »Greifvögel« nur mäßigen Erfolg: Tauben lassen sich etwa 12 Tage lang ablenken, die intelligenteren Krähen dagegen nur drei Tage.

Bluffen mit Fantasie

Vögel lassen sich mit ungewöhnlichen, plötzlichen, unerwarteten und scheinbar gefährlichen Situationen erschrecken. Ihr erster Impuls ist Flucht. Sie sind aber auch neugierig. Jedes Mal, wenn sie mit dem verschreckenden Reiz konfrontiert werden, sammeln die Vögel Informationen. Von Mal zu Mal wird der Reiz weniger erschreckend. Sie erkennen den Bluff und fliehen nicht mehr. Wie schnell das geht, hängt vom Reiz und der Vogelart ab. Besonders Krähen durchschauen einen ungefährlichen Bluff sehr schnell, meist schon nach ein bis drei Tagen. Tauben sind da etwas langsamer, sie brauchen etwa 12 Tage. Stare und Amseln liegen in ihren Reaktionszeiten dazwischen. Um dem Gewöhnungseffekt entgegenzuwirken, sind Fantasie und vor allem Abwechslung gefragt: Vogelscheuchen, Flatterbänder und ähnliche optische Vertreiber sollten häufiger umgestellt oder ausgetauscht werden.

Der Mensch

Sie haben es bestimmt schon beim Abschnitt mit der menschenähnlichen Vogelscheuche geahnt: Der Mensch ist tatsächlich der beste Schutz, gleich nach der Einnetzung. Bleiben Sie also in der Nähe Ihrer

Kirschen, Heidelbeeren und Johannisbeeren. Der Mensch hat immer noch die abschreckendste Wirkung auf Vögel, wie Versuche mit Feldhütern in Weinbergen gezeigt haben.

Knall, puff, peng

Im professionellen Obstbau sind auch akustische Vertreiber erlaubt. Mit Knallapparaten, Schreckschussgewehren, den Rufen von Greifvögeln, artspezifischen Warnrufen und hohen Tönen im Ultraschallbereich versucht man, die Vögel während der Reifezeit von Feldern und Obstplantagen fernzuhalten. Mit mäßigem Erfolg. Durch den jahrelangen Gebrauch haben sich die Vögel an die ungefährlichen Geräusche gewöhnt. Die Anwendung akustischer Geräte unterliegt dem jeweiligen Landes-Immissionsschutzgesetz und bedarf einer Genehmigung!

Das ist verboten!

Wildvögel, und dazu zählen Singvögel, Krähen, Tauben und Co., dürfen laut Bundesnaturschutzgesetz nicht mutwillig beunruhigt oder ohne vernünftigen Grund gefangen, verletzt und getötet werden. Nach dem Bundestierschutzgesetz sind Vorrichtungen und Stoffe zum Fangen, Fernhalten oder Verscheuchen von Wirbeltieren – und hierzu zählen auch Vögel – verboten, wenn damit die Gefahr vermeidbarer Schmerzen, Leiden oder Schäden für die Tiere verbunden ist. Darum ist es wichtig, die Vogelschutznetze ordnungsgemäß anzubringen, regelmäßig zu kontrollieren und gefangene Tiere zu befreien.

Mit besten Absichten

Singvögel gehören zu den beliebtesten Gartenbesuchern. Und das nicht nur, weil die putzmunteren Geschöpfe so gut zu beobachten sind. Sie sind auch eifrige Schädlingsvertilger. Besonders während der Brutzeit sammeln sie fleißig tierische Kost für den Nachwuchs: Würmer, Raupen, Insekten und Schnecken. Damit reduzieren sie das Schädlingsaufkommen im Garten schon gewaltig und man sollte es ihnen verzeihen, dass sie sich im Sommer auch an der »Ernte« beteiligen wollen.

Gedeckter Tisch

Singvögel fühlen sich in Ihrem Garten erst dann zu Hause, wenn sie dort genügend Nahrung in Form von Insekten, Würmern, Beeren und Sämereien finden. Am einfachsten geht das, indem Sie eine Ecke in Ihrem Garten ein wenig unordentlich lassen. Unter dem Falllaub sammeln sich Kleinsttiere, an Gräsern und Wildkräutern reifen Samen heran und in einer undurchdringlichen Hecke finden die Vögel Schutz. Auch im übrigen Garten reichen ein paar kleine Handgriffe, damit sich die Vögel selbst versorgen können: Lassen Sie ein paar gesunde Früchte an Bäumen und Sträuchern hängen und schneiden Sie im Herbst die Samenstände von Stauden und Gräsern nicht zurück.

Wildhecken aus Felsenbirne, Eberesche, Schlehe, Wildrosen und anderen fruchttragenden Sträuchern geben vielen Vögeln im Winter Nahrung. In harten Wintern kann zusätzlich eine Futterstelle aufgestellt werden. Bieten Sie dort Abwechslung, denn nicht jeder Vogel mag Sonnenblumenkerne und Erdnüsse! Legen Sie auch Haferflocken, Rosinen und frische ungeschnittene Äpfel aus.

Kinderstube

Finden Singvögel genügend Nahrung in Ihrem Garten, können Sie ihnen auch künstliche Nisthöhlen anbieten. Doch Vorsicht: Die Vögel haben hohe Ansprüche an die Kinderstube, angefangen bei der Größe der »Höhle« bis hin zum Durchmesser des Einflugloches. Überlegen Sie vorher, welche Vögel Sie in Ihrem Garten ansiedeln möchten. Meisen, Kleiber und Sperlinge sind Höhlenbrüter. Sie brauchen einen Vollhöhlenkasten. Zaunkönige und Rotkehlchen sind Freibrüter, sie brüten am Boden in Hecken oder unter Sträuchern. Gibt es diese Brutplätze nicht, weichen sie auf einen Halbhöhlenkasten aus. Spezielle Nisthilfen gibt es zum Beispiel für Schwalben und Baumläufer.

Nistkästen werden katzensicher in Büschen, Bäumen oder an Gebäuden in zwei bis drei Meter Höhe angebracht. Das Einflugloch wird nach Osten oder Südosten ausgerichtet.

Tipp Egal, ob selbst gebaut oder gekauft, Nistkästen sollten immer leicht geöffnet werden können. Das erleichtert das Säubern ab dem Herbst. Dabei werden alte Nester und Nistmaterialien entfernt. Das beugt der Verbreitung von Parasiten vor und schafft Raum für neue Nester.

Trockenmauer, Hecke und Vogelbad

In großen Gärten ist es einfach, den Vögeln verschiedene Lebensräume anzubieten. Doch auch in kleinen Gärten ist einiges möglich. Es reicht schon, eine der folgenden Strukturen im Garten umzusetzen. Ein großes Plus: So bieten Sie nicht nur Vögeln eine Wohnstatt an, sondern auch anderen Tieren wie Igeln, Eidechsen, Insekten und Wildbienen.

▷ Trockenmauern bestehen aus lose aufgeschichteten Steinen, in deren Zwischenräumen es erstaunlich viel Platz für Pflanzen und Tiere gibt.

▷ In Holzstapeln oder Reisighaufen finden unter anderem Zaunkönig und Rotkehlchen einen Nistplatz. Zudem wimmelt es dort nur so vor Insekten, Spinnen und anderen Kleintieren: alles Nahrung für die Vögel und ihren Nachwuchs.

▷ Ein Vogelbad ist das Attraktionszentrum im Garten. Vögel baden gern und nutzen Wasser zur Gefiederpflege. Es muss nicht immer gleich ein Teich sein. Eine Vogeltränke genügt den Ansprüchen der Vogelwelt, solange sie vor Räubern wie unseren samtpfötigen Haustigern geschützt aufgestellt ist. Vögel nehmen Wasser hauptsächlich über ihre Nahrung auf, in Form von Knospen, Beeren und anderen Früchten. Samenfresser brauchen zur Verdauung aber zusätzliches Trinkwasser.

▷ Grüne Hauswände bieten geschützte Nistplätze unter anderem für Spatzen. Zum Begrünen eignen sich Mauern, Garagen, Schuppen oder das Wohnhaus. Kletterpflanzen wie Efeu und Wilder Wein können mit ihren Haftwurzeln und Haftscheiben selbstständig an Wänden emporklettern. Sind Sie sich nicht sicher, ob Putz und Mauerwerk ausreichend stabil sind, um die Kletterer zu halten, können Sie Schlingpflanzen wie Geißblatt oder Blauregen an einem Spalier ziehen.

▷ An den Komposthaufen denken die wenigsten. Dabei sind an der Verwertung der Küchenabfälle und Gartenabfälle viele Tierchen beteiligt. Drosseln und Co. finden auch dort Futter.

▷ Fruchttragende Hecken und Sträucher sind Brutplätze und Nahrungsquellen in einem. Sind die Sträucher auch noch mit Stacheln und Dornen bestückt, bieten sie zudem Schutz vor Räubern.

☑ Checkliste Vogelschutznetze

Wer Kirschen, Heidelbeeren und anderes Obst vor hungrigen Vögeln schützen möchte, hüllt Bäume und Sträucher am besten in Vogelschutznetze. Das ist bisher die beste Methode. Vogelscheuchen, Flatterbänder und CDs wirken nur für kurze Zeit.

▷ Bringen Sie die Netze kurz vor oder während der Reife an und nehmen Sie sie nach der Ernte wieder ab.

▷ Verwenden Sie nur weiche Netze in auffälligen Farben und einer Maschenweite bis 30 Millimeter.

▷ Die Netze dürfen nicht auf dem Boden aufliegen oder lose Enden haben. Kleinsäuger und Vögel könnten sich sonst darin verfangen. Bringen Sie sie straff gespannt an.

▷ Kontrollieren Sie die Netze regelmäßig auf Schlupflöcher, verirrte Vögel und gefangene Tiere.

Eine Frage des Gewissens

Schon eine einzige Wühlmaus im Garten kann erheblichen Schaden an Obstbäumen, Rosen und Wurzelgemüse anrichten. Sobald Sie erste Anzeichen für dieses umtriebige Tier in Ihrem Garten sehen, sollten Sie es aufspüren. Leider lassen sich Wühlmäuse selten vertreiben. Sicher wird man sie nur los, wenn man ihnen eine Falle stellt oder Giftköder auslegt. Und schon stellt sich die Gewissensfrage: Ist es richtig, Tiere zu töten? Eines ist klar, niemand tötet gern Tiere. Aber: Um ein kleines Insekt wie den Apfelwickler oder eine lästige Mücke machen wir uns kaum Gedanken. Eine etwa 15 Zentimeter große, quicklebendige Maus zu töten, ist jedoch etwas ganz anderes. Legen wir Fallen aus, werden wir direkt mit der toten Maus konfrontiert. Durch die Fallen werden die Wühlmäuse sehr schnell durch einen Genickschlag getötet. Sie müssen nicht leiden, es spritzt kein Blut, es quillt nichts heraus. Die Maus in der Falle ist leblos, aber intakt. Giftköder machen es dem Gärtner einfacher: Er sieht die tote Wühlmaus nicht, denn die vergifteten Tiere ziehen sich zum Sterben meist in ihre Höhlen zurück.

Aber ist es denn überhaupt notwendig, den Wühlmäusen nachzustellen? Regelt das nicht die Natur allein? Auf Feldern und Wiesen tut sie das schon, dort ist die Wühlmaus Nahrung für Greifvögel, Füchse und Marder. Der Garten ist aber, so naturnah er auch sein mag, ein künstlich angelegtes, begrenztes Stück Land. Dort funktioniert das Ökosystem im Kleinen, mit Insekten, Singvögeln und kleinen Säugetieren wie Igel und Spitzmaus. Große Räuber lassen sich jedoch selten blicken. Die Strukturen sind ihnen im Garten zu klein.

Bei jedem Schädling oder jeder Pilzerkrankung müssen Sie abwägen, ob eine Bekämpfung notwendig ist. Dazu können Sie sich folgende Fragen stellen: Gab es im vergangenen Jahr bereits Probleme? Dann sollten Sie die vorbeugenden Maßnahmen ergreifen, die im Buch vorgestellt werden. Wie viele Schädlinge sind es? Wie groß ist der Schaden schon? Das ist von Schädling zu Schädling unterschiedlich. Wie schon erwähnt, ist bereits eine Wühlmaus eine zu viel. Gut ein Dutzend Schnecken auf dem Salatkopf sollten Ihnen zu denken geben. Bei den Insekten misst sich der Schaden an der Anzahl betroffener Früchte, Wurzeln oder Blätter. Beim Apfelwickler zählt man beispielsweise die Bohrlöcher und die Raupen in den Äpfeln. Sind 5 von 100 Äpfeln betroffen, ist es Zeit gegenzusteuern. Zur Prognose können Sie auch die Pheromonfallen aufhängen.

Ich empfehle Ihnen, so zeitig wie möglich zu handeln, denn dann lassen sich die meisten Gartenschädlinge gut in den Griff bekommen. Doch bevor Sie etwas unternehmen, lassen Sie den Nützlingen in Ihrem Garten Zeit, sich um das Problem zu kümmern. Beobachten Sie! Und erst, wenn die Nützlinge das Gleichgewicht nicht allein herstellen können, sollten Sie eingreifen. In diesem Buch werden nur Maßnahmen und Pflanzenschutzmittel vorgestellt, die im Einklang mit dem ökologischen Anbau stehen.

Die Autorin

Dr. Natalie Faßmann ist Gartenbau-ingenieurin und Autorin. Sie arbeitet als Redakteurin bei der »GartenZei-tung«, wo sie die Ressorts Gartenge-staltung und Pflanzenschutz betreut. Frau Faßmann lebt mit ihrer Familie in Berlin.

Im pala-verlag ist von ihr außer diesem Buch der Titel »Auf gute Nach-barschaft. Mischkultur im Garten« erschienen.

Weiterführendes

Und was kostet es nun?

Von drei bis über 100 Euro ist alles drin, je nachdem, welchen Schädling Sie mit den Biotech-Fallen bekämpfen wollen. Einfache Wühlmausfallen gibt es ab drei Euro. Für die Wühlmausfallen nach Schweizer Art legen Sie schon mal rund 60 Euro auf den Tisch. Auch Schneckengeplagte müssen für einen Profi-Schneckenzaun tief in die Tasche greifen: Der Meter Schneckenzaun aus verzinktem Stahlblech kostet zwischen 4,50 Euro und 7,80 Euro.

Für die folgende Übersicht habe ich die Kataloge der Versandgärtnereien gewälzt, Onlineshops und Gartencenter besucht und die Preise notiert. Fazit: Die Preisspanne für ein Produkt ist manchmal erstaunlich groß. So gesehen bei der 10er-Packung Gelbstecker: Dort sind es ganze drei Euro. Vergleichen lohnt sich also!

Übersicht über die Biotech-Fallen, ihre Anwendung und die Kosten
(Quellen: Fachhändler, Onlineshops, Versandgärtnereien, Stand Januar 2011)

Welche Falle?	Kostet wie viel? (in €)	Wirkt gegen wen?
Leimgürtel und Raupenleim		
Leimgürtel werden im Oktober um die Baumstämme gelegt, um die Frostspannerweibchen abzufangen. Im Frühjahr bleiben die Blutläuse kleben, die an der Stammbasis oder im Wurzelbereich überwintern. Es gibt die Gürtel in unterschiedlichen Längen. Raupenleim frischt Leimgürtel auf, kann auf Trägerpapier oder ohne Papier auf den Stamm gestrichen werden. Raupenleim gibt es als Pinseltube, als 250-g-Eimer bis hin zum 1-kg-Eimer.		
1,5 m	3,90 – 3,99	Frostspanner, Blutläuse, (Ameisen)
2,5 m	5,90 – 6,90	
3 m	6,99 – 7,90	
5 oder 5,5 m	8,90 – 9,40	
6 m	8,95 – 9,99	
170 g, Pinseltube	6,90	
250 g	7,95 – 9,99	
500 g	12,90 – 14,29	
Leimgürtelpapier, 25 m	6,79	

Welche Falle?	Kostet wie viel? (in €)	Wirkt gegen wen?
Kirschfruchtfliegenfalle		
Die Gelbfallen werden in die Kirschbäume gehängt, wenn sich die Kirschen von Grün nach Gelb oder Gelbrot verfärben. Sie fangen die begatteten Weibchen der Kirschfruchtfliege vor oder während der Eiablage ab.		
3 Stück (gewölbte Fläche)	15,90 – 16,99	Kirschfruchtfliege
7 Stück (plane Fläche)	13,90 – 13,99	

Welche Falle?	Kostet wie viel? (in €)	Wirkt gegen wen?
Gelbstecker und Gelbtafeln		
Gelbstecker werden im Zimmer oder Wintergarten angewendet und in die Topferde gesteckt. Sie fangen vor allem Trauermücken ab. Gelbtafeln werden an Stäben in die Pflanzen, auch im Kleingewächshaus, gestellt oder gehängt.		
Gelbstecker, 10 Stück rechteckig oder in Form von Blumen und Schmetterlingen	3,90 – 6,90	Trauermücken, Blattläuse, Weiße Fliege
Gelbtafel, klein, 7 Stück (zum Aufhängen)	5,99 – 6,40	
Gelbtafel, klein, 21 Stück (zum Aufhängen)	9,70	
Gelbtafel, groß, 5 Stück (zum Aufhängen)	9,70 – 9,90	
Gelbtafel, groß, 25 Stück (zum Aufhängen)	28,00 – 29,90	
Blautafel		
Beleimte Blautafeln werden speziell gegen Thripse eingesetzt. Sie werden im Zimmer, Wintergarten oder Kleingewächshaus aufgehängt. Es gibt sie häufig in Kombination mit Gelbtafeln.		
Blautafel, klein, 20 Stück (zum Aufhängen)	4,95	Thripse
Blautafel, groß, 10 Stück (zum Aufhängen)	11,70	
Kombitafel, gelb und blau, 7 Stück (zum Aufhängen)	6,70	

Welche Falle?	Kostet wie viel? (in €)	Wirkt gegen wen?
Pheromonfalle		
Pheromonfallen sind sehr speziell auf einen Schädling, in diesem Fall entweder Apfelwickler oder Pflaumenwickler, ausgerichtet. Sie bestehen aus Kapseln mit Sexualpheromonen und Leimtafeln. Die Fallen locken die Männchen zur Paarungszeit an.		
Fallenset mit Leimtafeln und 2 Pheromonkapseln	13,90 – 21,90	Apfelwickler, Pflaumenwickler
Nachrüstset mit 2 Pheromonkapseln, gegebenenfalls auch Leimtafel	9,90 – 13,70	
Wellpappegürtel		
Im Sommer werden die Wellpappegürtel um die Stämme der Obstbäume gelegt. Die Larven der Wickler nehmen die Wellpappe gern als Verpuppungsort an. Wellpappegürtel können Sie auch selbst basteln.		
3 m	6,80 – 7,39	Apfelwickler, Pflaumenwickler
Bierfalle		
Die Becher aus Kunststoff werden in die Erde eingegraben und zu zwei Dritteln mit Bier gefüllt. Das Bier lockt die Nacktschnecken in die Falle. Bierfallen können Sie auch selbst basteln.		
einzeln oder im 2er-Set	6,30 – 9,40	Nacktschnecken
Lockstofffalle		
Ein Fraßlockstoff lockt Gartenlaubkäfer im Juni in eine Falle, aus der sie nicht mehr herauskommen. Die Falle ist auf Gartenlaubkäfer ausgerichtet, andere Blatthornkäfer wie Maikäfer werden nicht gefangen.		
Startset mit Falle und Lockstoff	29,90 – 32,00	Gartenlaubkäfer
Lockstoff zum Nachfüllen	8,50	

126

Welche Falle?	Kostet wie viel? (in €)	Wirkt gegen wen?
Wühlmausfallen		
Die beste Methode, Wühlmäuse zu bekämpfen, ist es, Fallen aufzustellen. Es gibt verschiedene Modelle im Handel, die meisten arbeiten nach dem Prinzip einer Schlagfalle mit und ohne Köder. Es gibt auch Lebendfallen.		
Drahtfallen, Bayerische und Badische, einzeln oder im Doppelpack	3,10 – 3,95	Wühlmaus
Zangenfalle, Bayerische, 1 Stück	3,10 – 4,29	
Zangenfalle, Wolf'sche, 1 Stück	6,55	
Kastenfalle, aus Kunststoff, 1 Stück	8,40 – 8,49	
Kastenfalle, aus Holz, 1 Stück	9,20	
Tunnelfalle, aus Metall, 1 Stück	9,65	
Kippbügelfalle, Augsburger, 1 Stück	3,49 – 6,10	
Röhrenfalle oder Lebendfalle, 1 Stück	4,19	
»Topcat«, aus Metall, 1 Stück	58,60	
Lochstecher für »Topcat«*	58,00	
»Supercat«, aus Kunststoff, 1 Stück	15,95	
»Supercat« Zubehör*	8,95	

*Für diese beiden Fallentypen brauchen Sie einen Suchstab und einen Lochstecher. Oft werden diese beiden Geräte mit den Fallen im Set angeboten.

Welche Falle?	Kostet wie viel? (in €)	Wirkt gegen wen?

Schneckenzaun

Schneckenzäune gibt es aus Stahlblech, Kunststoff und Drahtgewebe in verschiedenen Ausführungen und Längen.

10 m, verzinktes Stahlblech	54,90 – 78,00	Nacktschnecken
30 m, verzinktes Stahlblech	136,50	
10 m, verzinktes Stahlblech, achteckig	71,50	
2 m, Kunststoff	13,95	
4 m, Drahtgewebe	14,95	
8 m, Drahtgewebe	27,95	

Schneckenkragen

Schneckenkragen sind Mini-Schutzzäune für Einzelpflanzen. Sie sind aus Kunststoff gefertigt. Mit einem Dach werden sie zum Mini-Treibhaus. Schneckenkragen können Sie auch selbst bauen.

5er-Set	11,90	Nacktschnecken
5er-Set mit Dach	21,90	

Insektenschutznetze

Die feinmaschigen Netze werden gleich nach der Aussaat oder dem Pflanzen locker über die Beete gelegt und an den Rändern festgesteckt. So kommen Gemüsefliegen und andere fliegende Gemüseschädlinge nicht an die Pflanzen. Schutznetze haben eine Größe von etwa 10 Quadratmetern. Die Maße der einzelnen Produkte weichen leicht voneinander ab.

etwa 10 m²	9,95 – 15,99	Gemüsefliegen, Wurzelfliegen, Schmetterlinge, Läuse und andere

Welche Falle?	Kostet wie viel? (in €)	Wirkt gegen wen?

Vogelschutznetze

Vogelschutznetze sind weitmaschig und auffällig gefärbt (blau, grün). Obstbäume, Beerensträucher und Gemüsebeete werden damit eingehüllt, um sie vor Vogelfraß und den Folgeschäden zu schützen. Die Netze gibt es in verschiedenen Größen.

2 × 5 m	3,95	verschiedene Singvögel, Krähen, Tauben
4 × 5 m	3,79 – 7,95	
4 × 10 m	7,49 – 15,70	

Internetadressen

Igel
Informationen zur Alkoholvergiftung bei Igeln:
http://wildlife1.wildlifeinformation.org/s/00dis/toxic/Alcohol_poisoning_hhog.html

Die *British Hedgehog Preservation Society* kümmert sich um das Wohl der Igel in britischen Gärten:
www.britishhedgehogs.org.uk

Schmetterlingspheromone
Die Weibchen der verschiedenen Schmetterlingsarten locken das andere Geschlecht jeweils mit einem einzigartigen Duftstoffmix an. Eine interessante Internetseite, auf der unter anderem die chemischen Formeln der Sexualpheromone aufgelistet sind:
www.pherobase.com

Wühlmäuse
Folgende Internetseite aus Österreich zeigt sehr anschaulich, wie Drahtfallen scharfgestellt werden:
www.hausmaus.at/Fallenstellen3.htm

Wie die Schweizer Fallensysteme angewendet werden, wird ausführlich auf der folgenden Internetseite vorgestellt. In der Schweiz stehen Maulwürfe nicht unter Naturschutz. Bitte verwenden Sie Wühlmausfallen nicht zur Jagd auf Maulwürfe, auch wenn das hier gezeigt wird!
www.topcat.ch

Wie die Populationen von Greifvögeln, Füchsen und Mardern durch vergiftete Wühlmäuse geschädigt werden können, lesen Sie in diesem interessanten Artikel aus dem Jahr 2005:
www.agff.ch/pdf/2005/Wuehlmausgift_UFA_2005.pdf

Kluge Vögel

Vögel sind klüger als mitunter erwartet. Die Elster Gertie an der Ruhr-Universität Bochum kann sich selbst im Spiegel erkennen. Mehr dazu hier:

www.ruhr-uni-bochum.de/rubin/rbin2_00/pdf/artikel_n1_elstern.pdf

Vogelnistkästen

Der NABU hält auf seiner Internetseite Bauanleitungen für verschiedene Nistkästen bereit, darunter einen Höhlenbrüterkasten und ein Spatzenhaus:

www.nabu.de/tiereundpflanzen/voegel/tippsfuerdiepraxis/nistkaesten/

Buchtipps

▷ David, Werner: **Lebensraum Totholz,** pala-verlag

▷ Gabler, Eberhard: **Vogelhäuschen: Nistkästen und Futterhäuser,** BLV-Verlag

▷ Günzel, Wolf Richard: **Das Insektenhotel,** pala-verlag

▷ Lohrer, Thomas: **Die 13 Gartenplagen,** Verlag Eugen Ulmer

▷ Lohrer, Thomas: **Marienkäfer, Glühwürmchen, Florfliege & Co.,** pala-verlag

▷ Lorpin, Claude: **Nistkästen: 88 Modelle zum Selberbauen,** Bassermann Verlag

▷ Meys, Sofie: **Lebensraum Trockenmauer,** pala-verlag

▷ Meys, Sofie: **Schneckenalarm!,** pala-verlag

Bezugsquellen

Kulturschutznetze, Bierfallen, Schneckenzäune, Leimgürtel, Gelbfallen, Pheromonfallen und Wühlmausfallen gibt es im gut sortierten Gartenfachhandel.

Katz Biotech AG
An der Birkenpfuhlheide 10
15837 Baruth
www.katzbiotech.de
(Nützlinge, Gartenlaubkäferfalle und räuberische Nematoden)

e-nema
Klausdorfer Straße 28 – 36
24223 Schwentinental
www.e-nema.de
(Gartenlaubkäferfalle und räuberische Nematoden)

Sautter und Stepper
Rosenstraße19
72119 Ammerbuch
www.nuetzlinge.de
(Schlupfwespen gegen Apfelwickler und Pflaumenwickler und räuberische Nematoden)

re-natur GmbH
Charles-Roß-Weg 24
24601 Ruhwinkel
www.re-natur.de
(Lockstofffalle gegen Kastanienminiermotte und räuberische Nematoden)

W. Neudorff GmbH KG
An der Mühle 3
31860 Emmerthal
www.neudorff.de (Händlernachweis)
(Apfelwickler-Granulovirus und *Bacillus-thuringiensis*-Präparate)

Wühlmaus Stop
Peter Überall
Umgehungsstraße 77
71144 Steinenbronn
www.wuehlmaus-stop.de
(Drahtkörbe gegen Wühlmäuse)

Ing. G. Beckmann KG
Simoniusstraße 10
88239 Wangen
www.beckmann-kg.de
(Schneckenzäune)

Bioland Hof Jeebel
Biogartenversand OHG
Jeebel 17
29410 Salzwedel OT Jeebel
www.biogartenversand.de
(große Auswahl an Wühlmausfallen)

Wir engagieren uns noch stärker für den Klimaschutz!

Seit mehr als 15 Jahren drucken wir unsere Bücher weitestgehend auf Recyclingpapier und versuchen damit, eine ressourcenschonende und umweltfreundliche Buchproduktion zu ermöglichen.

In den letzten Jahren ist der Klimawandel mit seinen weitreichenden Folgen für uns und vor allem unsere nachfolgenden Generationen immer mehr zum Thema geworden. Die Auswirkungen sind bereits jetzt spürbar – Wetterextreme, sich verschiebende Jahreszeiten, Erderwärmung. Auch wenn diese Entwicklungen nicht mehr völlig aufzuhalten sind, müssen wir – auch als Verlag – aktiv werden.

Die *freiburger graphische betriebe,* die Druckerei, in der unsere Bücher produziert werden, beteiligen sich an der Klimainitiative der Druck- und Medienverbände Deutschland und bieten die Möglichkeit, Buchproduktionen klimaneutral herstellen zu lassen.»Klimaneutral« bedeutet den Ausgleich von Treibhausgasen bzw. die Neutralisation durch die Einsparung einer bestimmten CO_2-Menge an anderer Stelle. Da die Wirkungen des Treibhauseffektes global schädigen, ist es irrelevant, an welchem Ort der Welt Emissionen entstehen und wo sie dann letztendlich eingespart werden. Der gesamte Prozess des Ausgleiches von Treibhausgasen basiert auf dem Kyoto-Protokoll von 1997.

Wir haben nun die Möglichkeit, für jedes Druckprodukt den genauen Wert des CO_2-Ausstoßes, der auf den Produktionsprozess in der Druckerei und deren Materialeinsatz zurückzuführen ist, zu ermitteln. Mit Hilfe eines vom Bundesverband der deutschen Druckindustrie entwickelten Rechners, mit dem viele Faktoren erfasst werden – Energieverbrauch, Farbe, Papier, Transportwege oder Einsatz von Personal – wird am Ende der Buchproduktion ein Wert ermittelt, der die relevante Wertschöpfungskette für die technische Herstellung des Buchs umfasst und den durch die Produktion verursachten CO_2-Ausstoß nachweist.

Für diesen Wert bezahlen wir als Verlag einen Ausgleich, der dann in anerkannte und zertifizierte Klimaschutzprojekte fließt. Die Zertifizierung erfolgt durch die Organisation *firstclimate* (www.firstclimate.com) und wird durch das Logo »Print CO_2 kompensiert« angezeigt.

Die aus dem Druck dieses Buchs resultierende Klimaabgabe fließt in ein Windparkprojekt in der Marmara-Region in der Türkei.

Das Projektgebiet liegt in der Marmara-Region an einem Höhenrücken etwa 350 m über Meereshöhe, nahe der Dörfer Elbasan und Çatalca unweit Istanbuls. Im Rahmen des Projekts werden 20 Windenergieanlagen mit einer Nennleistung von je 3 MW errichtet.

Nach dem Vorbild der Natur

Wolf Richard Günzel:
Der igelfreundliche Garten
ISBN: 978-3-89566-250-8

Sofie Meys:
Schneckenalarm!
ISBN: 978-3-89566-227-0

Thomas Lohrer:
**Marienkäfer, Glühwürmchen,
Florfliege & Co.**
ISBN: 978-3-89566-277-5

Werner David:
**Von Fallenstellern
und Liebesschwindlern**
ISBN: 978-3-89566-267-6

Brigitte Kleinod:
Das Hochbeet
ISBN: 978-3-89566-261-4

Dettmer Grünefeld:
Das Mulchbuch
ISBN: 978-3-89566-218-8

Natalie Faßmann:
Auf gute Nachbarschaft
ISBN: 978-3-89566-257-7

Dr. Ralf Klinger:
Regenwürmer – Helfer im Garten
ISBN: 978-3-89566-282-9

Lebensraum Garten

Werner David:
Lebensraum Totholz
ISBN: 978-3-89566-270-6

Irmela Erckenbrecht:
Die Kräuterspirale
ISBN: 978-3-89566-290-4

Wolf Richard Günzel:
Lebensraum Gartenteich
ISBN: 978-3-89566-262-1

Wolf Richard Günzel:
Das Insektenhotel
ISBN: 978-3-89566-234-8

Andere Bücher aus dem pala-verlag

Paula Polak:
**Regenwasser im Garten
nachhaltig nutzen**
ISBN: 978-3-89566-285-0

Sofie Meys:
Lebensraum Trockenmauer
ISBN: 978-3-89566-249-2

Ulrike Aufderheide:
**Rasen und Wiesen
im naturnahen Garten**
ISBN: 978-3-89566-274-4

Irmela Erckenbrecht
und Rainer Lutter:
Sichtschutz im lebendigen Garten
ISBN: 978-3-89566-268-3

Gesamtverzeichnis bei:
pala-verlag, Rheinstraße 35, 64283 Darmstadt, www.pala-verlag.de

ISBN: 978-3-89566-288-1
© 2011: pala-verlag,
Rheinstraße 35, 64283 Darmstadt
www.pala-verlag.de

Umschlag- und Innenillustrationen: Karin Bauer
www.karin-bauer.com

Lektorat: Angelika Eckstein

Satz und Gestaltung: Verlag Die Werkstatt Göttingen
www.werkstatt-verlag.de

Druck: fgb • freiburger graphische betriebe
www.fgb.de
Printed in Germany

Dieses Buch ist auf Papier aus
100 % Recyclingpapier gedruckt
und klimaneutral produziert.

Ident-Nr. 119810